CERTIFIED PRODUCT MEISTER

改訂**2**版

生産マイスター®

ベーシック級
公式テキスト

一般社団法人 **人材開発協会**［編］

JN104744

日本能率協会マネジメントセンター

本書の内容に関するお問い合わせについて

　平素は日本能率協会マネジメントセンターの書籍をご利用いただき、ありがとうございます。

　弊社では、皆様からのお問い合わせへ適切に対応させていただくため、以下①～④のようにご案内いたしております。

①お問い合わせ前のご案内について

　現在刊行している書籍において、すでに判明している追加・訂正情報を、弊社の下記 Web サイトでご案内しておりますのでご確認ください。

https://www.jmam.co.jp/pub/additional/

②ご質問いただく方法について

　①をご覧いただきましても解決しなかった場合には、お手数ですが弊社 Web サイトの「お問い合わせフォーム」をご利用ください。ご利用の際はメールアドレスが必要となります。

https://www.jmam.co.jp/inquiry/form.php

　なお、インターネットをご利用ではない場合は、郵便にて下記の宛先までお問い合わせください。電話、FAX でのご質問はお受けいたしておりません。

〈住所〉　〒 103-6009　東京都中央区日本橋 2-7-1　東京日本橋タワー 9F
〈宛先〉　㈱日本能率協会マネジメントセンター　出版事業本部　出版部

③回答について

　回答は、ご質問いただいた方法によってご返事申し上げます。ご質問の内容によっては弊社での検証や、さらに外部へお問い合わせすることがございますので、その場合にはお時間をいただきます。

④ご質問の内容について

　おそれいりますが、本書の内容に無関係あるいは内容を超えた事柄、お尋ねの際に記述箇所を特定されないもの、読者固有の環境に起因する問題などのご質問にはお答えできません。資格・検定そのものや試験制度等に関する情報は、各運営団体へお問い合わせください。

　また、著者・出版社のいずれも、本書のご利用に対して何らかの保証をするものではなく、本書をお使いの結果について責任を負いかねます。予めご了承ください。

改訂 2 版 刊行にあたって

　一般社団法人 人材開発協会は、能力開発の基準づくりとそのレベル認定、さらに継続的な能力開発の場づくりを通して、人材育成の強化を促進する目的で設立されました。

　職能別に求められる基本的な知識・能力の基準を明確にし、それらを客観的に判断し、公正に能力・知識のレベルを認定するしくみとして、「生産マイスター®検定」を創設いたしました。

　いま、日本のものづくりは大きな岐路に立たされています。グローバルな競争において、その競争下で常にトップの生産技術力を保ち続けなければなりません。また、国内においては常にものづくりの技術を進化させ、独創的な競争力を発揮し続けなければならないなど、大きな課題を抱えています。

　これらの課題の解決は、生産現場にたずさわる人材の強化なくしては実現できません。

　これらの課題に果敢に挑戦する、ものづくり現場を支える中核人材を総合的に育成するのが、「生産マイスター®検定」の目的です。

　本改訂版では、近年の世界的な環境意識の高まりに合わせ、SDGs（持続可能な開発目標）への対応や、これからのものづくりとして、IT（情報技術）やAI（人工知能）の技術をつかった生産の自動化（スマートファクトリー）に関する内容を増補いたしました。

一般社団法人 人材開発協会

会長　齋藤 彰一

改訂2版 生産マイスター®ベーシック級 公式テキスト

第2章 コスト管理の基本

第3章　品質管理の基本

第4章 職場の納期管理と安全管理

生産マイスター® をめざそう

1 生産マイスターが求められる日本の製造業

✔キーワードは「グローバル人材」

　日本のものづくりは、いま大きく変わろうとしています。とくに「グローバル化」については、その言葉のもつ意味から変わってきています。

　かつて、日本の生産現場のグローバル化といえば、「人件費が安い国・地域に生産拠点を移してコストを抑える」ことが目的でした。それがいまは、かつて人件費が安いとされた国・地域が「新興国市場」として大きく発展しています。すなわち、現代のグローバル化では、この新興国市場をターゲットに、「現地で」ものづくりをすることが主流になってきています。この結果、生産の一部門にとどまらず、ものづくりにかかわるあらゆる人材が現地におもむくようになっています。そこで、現地の優秀な人材を活用して市場開拓することができる「グローバル人材」が、各企業から求められるようになっています。

✔国内は「高付加価値人材」

　国内でも環境は大きく変わりつつあります。まず、「技能伝承」の問題がクローズアップされています。また、世界との競争力をつ

けるための「製品の開発・製造」や、「安全対策」「環境問題対策」といった課題があります。

　つまり、高い開発力・技術力をもった「高付加価値人材」が求められています。日本のものづくりを再生できるハイタレントな人材が、ものづくり産業に共通するニーズとなっています。

✔日本のものづくりは「基本」＝「世界標準」

　ここで重要なのは、ものづくりがグローバル化、高度化しても、その基本は変わらないということです。日本のものづくりは「世界標準」のレベルに達しています。「グローバル人材」も「高付加価値人材」も、これまで日本企業が培（つちか）ってきた生産に関する「基本」を、

図表0-1 「生産マイスター®」開発の背景と目的

グローバル生産の潮流	国内の生産現場の環境変化
• 「低コスト生産」から、現地市場マーケティングを伴う、「深化した海外生産」へ	• 技術技能伝承ニーズの高まり • 外国人就労者比率の向上

日本のものづくりは世界の標準

ものづくり中核人材の育成は経営課題	• グローバルに通用できる、トータルな生産に関する基本能力を養成 • 企業横断的な評価認証制度による、客観的な育成指標
生産に携わる人材にとってのメリット	• 日々の業務では学習困難な生産マネジメントの基本を、体系的・段階的に学習することで成長感を得られる • 企業内にとどまらず社会的な評価を得ることができる

きちんと身につけることが出発点です。生産にたずさわる人々の客観的な育成指標になる評価認証制度をもって、おのおのの能力を高めていくことが有効でしょう。

　この点、「生産マイスター検定」は、ものづくりにたずさわる人々に求められるトータルな管理技術と改善能力の基本を体系的・段階的に整備した検定制度です。ものづくりにおけるそれぞれの方の役割を再整理するだけでなく、従来のQCD（Quality：品質管理、Cost：コスト管理、Delivery：納期管理）はもちろん、R（Roll：役割・意識）について明確にし、最近必要性が増しているS（Safety：安全管理）とE（Environment：環境管理）についても、基本をきちんと学ぶことができます。自らの「ものづくり力」を高め、企業にアピールするのに適した制度です。

2 生産マイスター検定の特長

✔中核人材に求められる「総合的な技能」と「マネジメント能力」

　生産現場に求められる技能者とは、どんな人でしょうか。

　次ページの図表0-2は、独立行政法人 労働政策研究・研修機構が実施した「ものづくり現場の中核を担う技能者の育成の現状と課題に関する調査」をグラフ化したものです。これによると、回答としてもっとも多く挙げられたのは「製造現場のリーダーとして、ラインの監督業務や、部下・後輩の指導を担当できること」。ついで「製造現場において、多くの機械を受け持ったり（『多台持ち』）、複数の工程を担当できること（『多工程持ち』）」、「設備改善・改造や治工具製作などを含めた生産工程全般にわたる作業を担当したり、試作・開発・設計に参加できること」となっています。

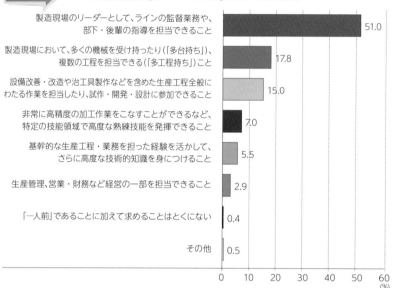

図表0-2 「中核的技能者」にもっとも求められること

- 製造現場のリーダーとして、ラインの監督業務や、部下・後輩の指導を担当できること　51.0
- 製造現場において、多くの機械を受け持ったり（「多台持ち」）、複数の工程を担当できる（「多工程持ち」）こと　17.8
- 設備改善・改造や治工具製作などを含めた生産工程全般にわたる作業を担当したり、試作・開発・設計に参加できること　15.0
- 非常に高精度の加工作業をこなすことができるなど、特定の技能領域で高度な熟練技能を発揮できること　7.0
- 基幹的な生産工程・業務を担った経験を活かして、さらに高度な技術的知識を身につけること　5.5
- 生産管理、営業・財務など経営の一部を担当できること　2.9
- 「一人前」であることに加えて求めることはとくにない　0.4
- その他　0.5

出所：独立行政法人 労働政策研究・研修機構「ものづくり現場の中核を担う技能者の育成の現状と課題に関する調査」2012年度

　つまり、現在の生産現場では、ただ単に基幹的に生産工程や業務を管理できるとか専門性の高い技能が発揮できるとかだけではなく、「生産現場全体に精通している」、「生産現場全体をマネジメントし、リーダーシップを発揮できる」人材が求められているということです。

✔ 総合的な教育プログラムとしての生産マイスター検定

　そこで、若手からリーダー、監督職、工場長にいたるまで、ものづくりの中核的な人材を育成する「企業横断的な教育体系」が、力を発揮します。

　生産マイスター検定は、専門技能だけでなく、階層別の役割認識

やマネジメント能力、リーダーシップスキルの習得までを含めた、総合的な教育プログラムです。実際にたくさんの企業が、中核的な技能者を育成するために「国家資格や技能検定を取得すること」が有効な手段であると考えています。生産マイスターに代表される「検定教育プログラム」は、ものづくりの人材育成手段として期待されるしくみであり、技能者自身のスキルアップに有効な制度です。

✔就職活動にも役立つ生産マイスター

　ベーシック級では、入社３年目までの生産・製造担当者のほか、メーカーへの就職をめざす大学、高専、専門学校・高校生が対象になっています。つまり、生産・製造ラインの入門レベルに設定された制度で、これから就職をめざす方でも容易に取り組める内容となっています。

　厳しい就職環境を乗り越えるためには明確にアピールできる資格や検定合格が強い武器になりますが、ものづくり産業への就職を希望される方は、ぜひ生産マイスターベーシック級を受験し、資格取得されることをお勧めします。

3　生産マイスター制度の概要

✔ベーシック級から１級までの４つの級を設定

　生産マイスター検定は、一般社団法人人材開発協会が開発・運営する検定制度です。

　検定は、ベーシック級、３級、２級、１級の合計４つの級に分かれており、各級とも、業務上果たす役割（R）を明確にするとともに、QCD（品質管理・コスト管理・納期管理）＋SE（安全管理・環境管理）

の基本、実践知識を評価することを目的にしています。

　また、検定試験に対応した教材には、本書のほか、日本能率協会マネジメントセンターが運営する通信教育講座が公式教材として認定されています。

図表0-3　実施体制

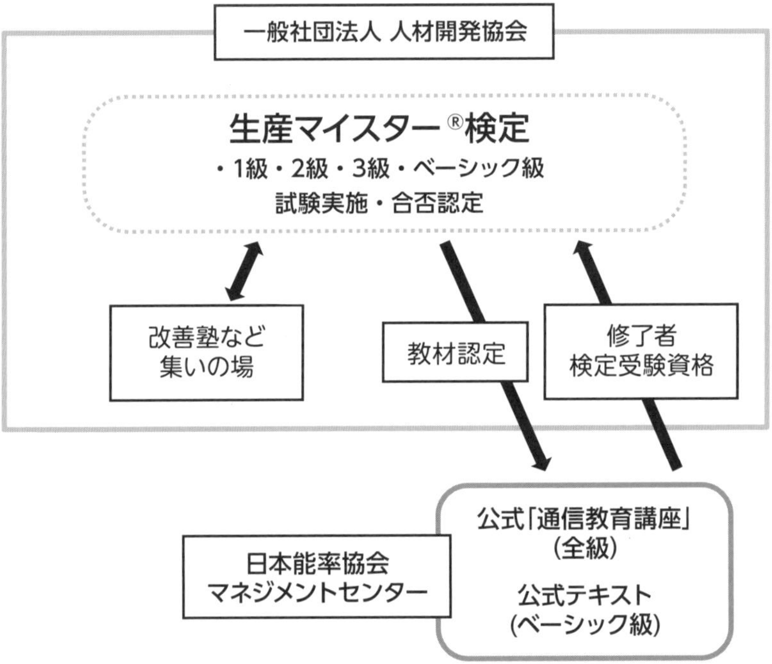

一般社団法人 人材開発協会

生産マイスター®検定
・1級・2級・3級・ベーシック級
試験実施・合否認定

改善塾など
集いの場

教材認定

修了者
検定受験資格

日本能率協会
マネジメントセンター

公式「通信教育講座」
（全級）

公式テキスト
（ベーシック級）

※2015年1月現在

図表0-4 検定試験の概要と想定受検者

　メーカーの生産現場に従事し、あるいは就業をめざす方を対象に、業務上果たすべき役割と、R（役割）＋QCD（品質管理・コスト管理・納期管理）＋SE（安全管理・環境管理）の基本・実践知識を評価する検定です。

実施級	概要	想定受検者
1級	**マネジメントマインドの習得** **試験範囲** ①マネジメントの基本理念 ②工場業績と原価管理 ③企業経営と品質 ④生産管理の今後の課題と安全・環境マネジメント	工場の課長・部長などの管理者層
2級	**システムマインドの習得** **試験範囲** ①第一線監督者の現場管理 ②製造原価管理とコストダウン ③品質管理と不良低減の進め方 ④生産管理の改革と職場の安全管理・環境管理	班長、職長、組長、工長などの第一線監督者
3級	**スタンダードマインドの習得** **試験範囲** ①生産部門におけるリーダーの役割 ②製造原価の成り立ちとその低減方法 ③品質意識の向上と不良低減の方法 ④リーダーのための生産管理・安全管理・環境管理	小集団活動などのグループリーダー層
ベーシック級	**ベーシック（ロス）マインドの習得** **試験範囲** ①生産部門の役割とコストマインド ②不良品を作らないために ③職場の納期管理と安全管理・環境管理	入社3年までの生産・製造担当者、メーカーへの就職をめざす大学・高専・専門学校・高校生など

ベーシック級の学習項目一覧

ベーシック級

【ベーシック（ロス）・マインド】
・生産スタッフとしての心がまえや姿勢を身につけている。
・生産活動についての意義や目的を理解している。
・生産作業に関わる基本的な用語を理解している。
・ロス（ムリ・ムダ・ムラ）を見つけ出し、改善を進める基本的な改善手法を理解している。
・安全についての重要性と安全の基本知識を理解している。

対象者	Q（品質）：品質意識
生産スタッフ（入社3年目まで）	【良い品質を作りこむ】 ・品質特性（真の特性と代用特性） ・平均値とバラツキによる品質判断 ・不良品により発生するロス ・作業標準の遵守 ・ISO9000ファミリー
仕事の範囲	
自分の担当レベル ・標準遵守、現在思考、改善指向 ※入社3年目までの生産・製造担当者。	【品質管理】 ・QC、SQC、TQC、TQM、QMSの概要 ・品質コストの構成 ・維持管理、不具合品の対処、品質のレベルアップ
R（役割）：生産活動への理解	
【役割意識】 ・会社が社会に果たす役割	【不良品混入防止】 ・作業の5要素と不良の関係 ・不良品の発生要因 ・設備保全、PM（TPM）、日常保全 ・測定の管理のしかた ・不良低減の進め方
【企業と生産活動】 ・生産活動の目的 ・良い品質（お客さま視点） ・製品の値段とコスト（維持管理と改善・改革） ・これからのものづくり（スマートファクトリー）	
【人間関係（コミュニケーション）】 ・チームワークで目標達成 ・5W1H ・ブレーンストーミングの進め方 ・小集団活動でのメンバーシップ	
【改善】 ・5S活動による働きがいのある職場づくり ・動作経済の原則 ・見える化 ・小集団活動の目的	

C（コスト）：コスト意識	D（納期）：納期意識
【原価管理】 ・コストの種類 ・生産の4種類の工程 ・コストのムダ ・人の作業ロス ・設備のロス ・材料のロス 【コストダウンの進め方】 ・改善の手順とそのポイント ・現状分析手法の種類と内容 【日常業務の注意点】 ・仕事への心がまえ ・作業標準を守ることの大切さ ・場所の使い方のルール ・整理整頓、清掃の必要性と方法 ・自主保全のしかた	【納期を守る】 ・計画の立案と必要な資料 ・計画標準資料、図面・部品構成表、部品工程情報 ・納期を守るためにすべきこととその手順 【生産計画】 ・正しい計画標準を立てる方法と手順 ・職場別（機能別）計画への展開のしかた ・分業による協業 ・作業計画を立てるまでの手順 ・負荷調整、日程調整の方法 ・能力対策、季節変動の意味 ・QCDを守る基本 ・正しい作業標準に従って仕事を進める ・計画と実績の差を把握するための方法 ・計画表の消し込み
S（安全）：安全意識	E（環境）：環境意識
【安全管理の基本】 ・安全の意味 ・安全管理 ・ヒヤリハットとハインリッヒの法則 ・危険の種類 【安全管理の法規制】 ・労働安全衛生法の意義と内容 ・「安全」と「衛生」の違いと意義 ・安全第一の意識 ・安全衛生の管理体制	【企業が抱える環境問題とは】 ・公害問題と地球環境問題との違いの認識 ・典型7公害の概要と工場における対策 ・地球環境問題の概要の把握（地球温暖化、天然資源の枯渇、森林破壊等、廃棄物の増加、酸性雨・オゾン層破壊等） ・SDGs（持続可能な開発目標）への取り組み 【工場の中の環境問題】 ・工場の身のまわりの活動の環境影響の認識 ・工場の環境問題を規制する法令や規則の概要把握

4 受検概要と合格までの流れ

✔受検対象

　受検対象は、1〜3級に関しては人材開発協会が認定した該当級の通信教育の修了者となります。ベーシック級はどなたでも受検が可能です。

公式認定通信教育コース

- ◉「生産マイスター1級コース」
- ◉「生産マイスター2級コース」
- ◉「生産マイスター3級コース」
- ◉「生産マイスターベーシック級コース」

※いずれも、日本能率協会マネジメントセンターで開講

公式テキスト

本書『改訂2版　生産マイスターベーシック級公式テキスト』
（日本能率協会マネジメントセンター刊）

図表0-6 合格までの流れ

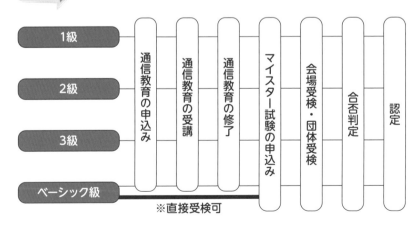

1級　2級　3級　ベーシック級

通信教育の申込み　通信教育の受講　通信教育の修了　マイスター試験の申込み　会場受検・団体受検　合否判定　認定

※直接受検可

✔受検概要

◆検定試験日

年3回を予定。

※試験日程については、一般社団法人人材開発協会ホームページ（https://www.hrda.or.jp/）の発表を参照してください。

◆試験会場

- 公開試験会場：札幌、仙台、東京、名古屋、大阪、広島、福岡を予定
- 団体受検：お申し込み企業が用意した会場での受検
- IBT（Internet Based Testing）：オンラインでの受験

◆試験内容 (出題形式、合格基準など)

- 出題形式：マークシート方式
- 出題内容：各級とも選択式

    ※多肢選択、ミニケースをもとにした選択問題など

- 合格基準：60点以上

◆検定料 (税込み)

1級：11,000円、 2級：9,900円、 3級：8,800円、

ベーシック級：7,700円

（ベーシック級の通信教育修了者および学生は5,500円）

※ 2023年3月現在

5 本テキストの効率的学習方法

✔ 本テキストの構成を知ろう

本書『改訂2版 生産マイスターベーシック級公式テキスト』は、ベーシック級に合格するための基本的な心構えや知識、手法についてまとめています。

どんな仕事にも、期待されている役割や心構えがあり、学習するにあたっては、ベースとなる考え方を正しく理解することが大事です。また、知識事項については、定義や概念を正確に把握するとともに、なぜ必要なのか、といった背景にあるものを理解するように心がけましょう。手法・手順については、基本的な内容・流れを把握するとともに、例外事項や応用事例についても認識を深めていくことが大事です。

✔ 全体を概観した後に細部を精読

学習用の教材を効率よくマスターするためには、まず一読して全体観を把握し、そのうえで一つひとつの項目を丁寧に読んでいくことが重要です。なぜならば、全体観をもつことで、細かな知識を吸収し、整理する基盤が頭の中につくられますし、個々の知識を関連づけて理解しやすくなるからです。

同時に、本文を要約した図表や理解を助けるためのイラストなどを"絵"として理解していくことです。文章だけでは理解しにくいことも"絵"として記憶することで、印象深く、記憶しやすくなります。

第 1 章
企業の社会性と生産部門の役割

学習のポイント

　私たちは、ものづくりを通して豊かな社会を作ってきました。また、会社はさまざまな環境変化の中で生産活動を行うことで、自らの社会的責任を果たしてきたといえます。

　第1章では、企業活動の意味、目的を整理するとともに、生産・製造部門の役割や人間関係の重要性について考えていきます。

この章の内容

1-1　企業の社会性と役割を考えてみよう

1-2　生産・製造現場の仕事を考えてみよう

1-3　仲間づくりと人間関係の重要性を考えよう

企業の社会性と役割を考えてみよう

1-1

1 生産活動＝豊かさの基盤

✔ 1人の生産から分業による生産へ

　人間はパンのみに生きるにあらず。充実した人生を送るためには、パン以外の夢や目標を設定することが重要です。しかし一方で、人間が生きるためには糧（食料）が必要であることも事実です。私たちの祖先は、そのために狩猟や農作業を行い、効率よく生産するために槍や鍬などの道具を作ってきました。現在の豊かな社会は、そうした生産活動によってもたらされたものであり、ものづくりは糧を生み出す基盤としての役割を果たしてきました。

　ものづくりの初期の段階では、人間は個人単位で生産を行ってきました。しかし、1人でものを集め加工するより、複数の人が手分けして行うほうが効率的であることを認識した人間は、「**分業＝生産活動をいくつかの作業に分け、それを各作業者に振り分けて行うこと**」という概念を生み出します。「分業」には、つぎの2つの形態があります。

1 商品（製品、部材）別による区分

　商品を作るのに必要な材料ごとに分業すること。住宅であれば、木材、セメント、ガラス、サッシ、床パネルなどの部材、部品ごとに作業を分担することで、機能性、効率性、品質を向上させます。

② 生産過程による区分

商品を作るうえで必要となるプロセスごとに分業すること。メーカーへの販売、部材の開発・設計、木材の調達、加工・仕上げなどの過程に分けることを意味します。

✔️分業と協業は車の両輪

分業は、生産効率を高めるために行うものです。しかしときには、分業することで規格（品質）、価格（原価）、納品日（納期）に悪影響をおよぼすことがあります。たとえば、前述した住宅建設は、各メーカーが個々に生産する部材がすべて集まらないと作業ができないため、どこかの工程・部門が全体の作業の流れを考慮せずに作業を進めてしまうと、ところどころに滞留が発生してしまい、納期遅れや追加コストが発生する原因になります。

こうした課題をクリアするためには、工程表、製品設計（図面、良品条件設定）、品質管理図、作業標準などを整備することが大切で、**ものづくりに参加する各メーカー、各工程・部門が、情報共有して、計画的に、ひとつのアウトプットに向かって連帯して作業すること=協業の概念を組み入れる必要があります**。また、販売・設計・加工・組立・生産技術・生産管理といった生産過程だけでなく、社長・工場長・部長といった意思決定（責任・権限）にもとづく分業にも、お互いの役割分担を明確にし、全体の計画にしたがってこまめな情報のやりとりをする「協業化」が求められます。

23

2　企業の役割と基本姿勢

✔企業が社会に果たす役割

企業には、つぎの8つの基本的な活動があります。

企業の8つの基本活動

1. **お客さまが求めている製品、サービス、情報などを提供する**
   お客さまが求めている製品、サービス、情報などを提供し、その対価としてお金をいただくこと

2. **お客さまに提供する製品、サービスで社会に貢献する**
   企業が提供する製品やサービスによって、社会の進化をもたらし、ライフスタイルを変化させること

3. **利益を上げ、国の財政を支えている**
   企業が生み出す利益を法人税などの税金の形で納めることで国の財政を支え、社会に貢献すること

4. **地域社会の発展を支えている**
   企業は法人税・事業税などを、従業員は所得税・住民税を納め、地域に貢献すること

5. **家庭の生活を支えている**
   企業で働くことで、従業員が自分自身や家族の生活を支えること

6. **環境への配慮**
   社会的義務として環境保全を行い、SDGs（持続可能な開発目標）にも取り組むこと

7. **設備、材料、部材などを購入している**
   設備や原材料、部品などを外部から購入したり、協力企業などに各種の仕事を依頼することで、協力企業の事業を支えること

8. **株主へ配当を行っている**
   利益を上げることで、株式会社の資本（お金）を拠出している株主に配当を支払うこと

✔企業の社会的責任が問われる時代

　企業は社会を構成する一員です。そのため、自らの社会的責任を果たす観点から、つぎの3点を念頭に活動することが大切です。

企業に求められる3つの視点

1. 会社は、私的なものではなく、公的なものである

2. 会社は、存続・発展し続けなければならない

3. グローバル化などの環境変化に迅速に対応する

　「1」「2」を実現するためには、常に社会のニーズ、顧客ニーズを把握して、ニーズに対応した製品・サービス・情報などを開発する必要があります。また、それらを求めやすい価格で提供するとともにコストを下げ、継続的に利益を上げられる体質を作っていく必要があります。

　「3」のグローバル化は、日本のものづくりを考えるうえで大きな課題です。製造業では、1990年代よりアジア各国への展開が活発になり、生産体制のグローバル化が進展しています。また、中国をはじめとする海外新興国の生産技術が向上し、高い品質レベルを誇ってきた日本企業も、**グローバルな視点で勝ち抜いていく力**がなければ生き残っていけない、厳しい状況を迎えています。

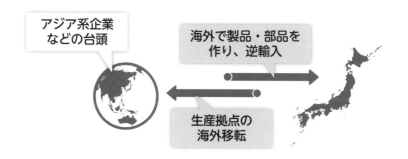

3 企業組織の成長と組織形態の変化

✔ 企業組織の発展形態

　企業は、事業の発展とともに組織形態を変えていきます。その形成過程を、カバンの製造・販売を例に見てみましょう。

■ステップ1 単独作業＋販売・営業機能

　最初は自分でカバンを作り、空き時間に販売をしていた人も、売れ行きが良くなると、専門に販売する人を雇うようになる。

■ステップ2 購買・生産・経理機能を追加

　売れ行きがますます好調になると、材料や部品を仕入れる人、製造を手伝ってくれる人、経理を担当してくれる人が必要になる。

■ステップ3 設計・生産技術・検査機能を追加

　事業が順調に拡大すると、多様な顧客ニーズに対応できる設計担当者や、機械化や自動化などに対応する生産技術担当や、品質を管理する検査担当者が必要になる。

■ステップ4 各機能を追加し管理スタッフを拡充

　販売機能が増加し、設計、生産、販売、経理などの各機能が追加されると、人事考課を行う人事担当者や、総務、さらには生産管理などのスタッフが必要になる。

生産・製造現場の仕事を考えてみよう

1 「ものづくり」に求められるもの

✔ 「ものづくり」に必要な3つの視点

　「ものづくり」は、ものを購入してくれるお客さまがいてはじめて成立します。ものづくりを考える際には、製品を使う人の立場や購入する人の立場に立つことが重要で、つぎの3つの視点（QCD）に留意する必要があります。

ものづくりの3つの視点

| ❶ 良い品質とは (Quality) | ❷ 製品の価格とコスト (Cost) | ❸ ほしいときにすぐに手に入る (Delivery) |

① 良い品質とは

　"**良い品質**"とは、「買いたい、使いたい製品」、品物・サービスなどがお客さまの要求を満足させるものをいいます。具体的には、つぎの点に留意する必要があります。

　　　▶使用目的に合致しているか（**性能**）

　　　▶使いやすい構造か（**機能**）

　　　▶使用上の安全性はどうか（**安全**）

　　　▶耐久力はあるか、早期故障はないか（**耐久性**）

▶製品の外観はどうか（**外観**）

▶手入れ、メンテナンス性は良いか（**互換性**）

▶アフターサービスは良いか、安易にできるか（**サービス性**）

　品質という概念には、「製品設計時に決まる品質」と「作製時点で作りこまれる品質」との２つがあります。つまり、品質は会社のものづくりに関するトータルな質が積み重なったものであり、生産活動に携わる人は、まず、自分の工程で不良を出さないこと、図面どおりに加工・組立をし、製品規格を満足させることを心がけるべきです。また、常に**"自分がこれを買ったらどう思うか"とお客さまの立場に立ってものごとを判断する**視点をもち、日々自分の工程の品質改善に取り組んでいくことが大事です。

② 製品の値段（価格）とコスト

　製品の価格は、「コスト＋利益＝価格」という公式だけで決まるものではありません。お客さまが、その製品の効用をどう評価し、どのくらいで買ってくれるかによって価格は変動します。つまり、

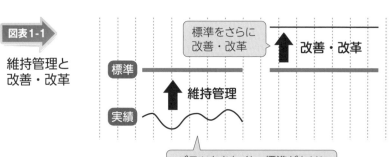

図表 1-1

維持管理と
改善・改革

「**需要と供給**」によって価格は変動するということです。

　したがって、製造現場では、決められた価格や品質、性能を満足させるための標準の材料取り、標準時間、標準作業、標準定員などの条件を守って作業する（**維持管理**）ことが重要です。また、製品の価格を下げ、売上を伸ばし、利益を得られるような競争力をつけるために、標準を改善して、さらに少ないコストで生産ができるようにする（**改善、改革**）ことも重要な役割だといえます。

③ ほしいときにすぐに手に入る

　最近、大型ショッピングモールが増加しています。増加している理由はいろいろですが、必要なものを1ヵ所で購入できるメリットが、多くの消費者の支持を集めた結果でしょう。また、大型ショッピングモールは、消費者側だけでなく店側にも大きなメリットを提供しています。まず大量販売により、安くサービスを提供できるので、価格を下げて競争力を高めることができています。また、売れた分だけ補充すればよいので、在庫回転率が改善されています。さらに、商品を作る側から見ても、生産計画を立てやすく、少ない在庫、短い期間、少ない賃金で生産ができるようになっています。

✔生産活動には3つのタイプがある

　生産活動には、大きくつぎの3つのタイプがあります。

生産活動の3つのタイプ
1. 注文を受けて、設計してから作る（**受注生産**）
2. 注文を受けてから生産に入る（**受注生産**）
3. 需要予測によって、作っておいて売る（**見込み生産**）

図表1-2 生産形態

生産形態	仕事の流れ
受注生産	←──── 受注(納入)リードタイム ────→ 受注 ➡ 設計 ➡ 調達 ➡ 生産 ➡ 納品
見込み 生産	設計 ➡ 調達 ➡ 生産 ➡ 在庫 ➡ 受注 ──────→ 納品 受注(納入)リードタイム

1 注文を受けて、設計してから作る

　受注生産は、完成品在庫をもつ必要がなく、売れ残りリスクもありません。しかし、各プロセスの管理が不十分だと、品質、コスト、納期を守れません。仮に1つの不良が発生すると、最終工程（出荷・検査工程）に影響が出て、残業や休日出勤などのムリな仕事を強いられることになるでしょう。また、品質、コスト、納期を守って仕上げるには、一人ひとりに高い技術・技能水準が必要です。

2 注文を受けてから生産に入る

　「設計部門」での設計、「生産技術部門」での工程設計（作り方の明確化）や治工具の設計・手配の必要がなくなるため、トラブル発生の危険が低くなります。一方、新しい図面を読まずに、旧図面で加工したり、頭の中の間違った寸法で加工して不良を出すこともあります。ムダなコストを発生させないためにも、作業指示にしたがって、丁寧に作業することが大切です。

③ 需要予測によって、作っておいて売る

　あらかじめ見込んで生産をするため、納期遅れなどのリスクは低くなります。しかし"販売予測"がはずれた場合、不良在庫を抱えることになります。

　3つの生産タイプにはそれぞれメリットとデメリットがありますが、いずれも「品質」「コスト」「納期（日程）」が重要であることに変わりはありません。各部門、各工程、各作業を担当する一人ひとりが、自分の仕事について**「品質」「コスト」「納期」を計画どおりに守って実行していく**ことが生産活動の基本です。

2　生産・製造現場の仕事

✓工場の役割と組織を知ろう

　工場の役割は、顧客や営業部門が必要とするものを必要なときに、必要な量だけ供給できるよう、開発・設計部門が定めた仕様どおりに、目標設定した原価（コスト）内で生産することです。

　工場の組織を大別すると、実際にものを作る**「直接部門」**と、直接部門の仕事をサポートする**「間接部門」**の2つに分けられます。直接部門は一般に「製造部」とよばれ、生産工程をベースとした工程別組織が一般的ですが、製品別に組織を編成することもあります。間接部門には、「生産技術部門」「生産管理部門」「購買部門」「品質保証部門」「物流部門」があります。

図表1-3 工場の役割と組織

工場の組織（例）

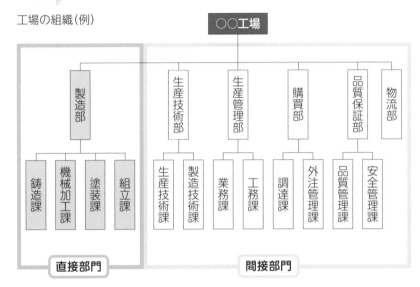

図表1-4 間接部門の役割

生産技術部門	新製品を作るための工法、工程の設計、設備の準備、現行品に対する技術的改善を行う
生産管理部門	何を、いつ、どれだけ作るかという生産計画を作成し、進捗管理を行う
購買部門	材料や部品の調達、調達先の管理を行う
品質保証部門	製品や部品の品質基準の作成、品質を保証するためのしくみづくりを行う
物流部門	材料や部品の調達、工場内・工場間の移動、完成品の出荷、輸送を行う

✔製造現場の仕事内容

　直接部門（製造現場）の仕事は、大きく「素材・部品加工工程」と「組立工程」に分かれます。

① 素材・部品加工工程

　ものづくりのためには、材料（素材）が必要です。素材は、その基本となる材質を作りこむことが大切で、素材・部品加工工程は、図面や作業指示内容を理解し、正しい製造条件のもと、正しい治具※・計測器・設備を使用し、正しく作業することが求められます。

　たとえば、鋳造作業では、図面よりも取り代※を余分にすることが不良品を発生させないために有効ですが、後の機械加工のときの取り代が増えてしまいます。また、切削※の回数を増やさないと寸法どおりにならないことも考えられます。素材・部品加工工程では、不良品を出さないことに留意するとともに、コスト高や納期遅れにつながらないようにすることが大切です。

　また、使用する治具・計測器・設備の管理や製造条件の設定も重要です。

② 組立工程

　組立工程は、各ラインや外注先からの部品を組み立てる工程です。そのため、部品点数が多く、作業者数や使用する設備・工具も多くなり、不具合が発生するリスクも高まります。

　組立工程で大切なことは、標準作業書に、作業方法、材料仕様、設備の良品条件を設定し、正しく作業を行うことにより、不具合を

※治　具…加工・組み立ての際に用いる道具
※取り代…金属の切削仕上げのための図面より余分に付けられた部分
※切　削…金属の不要部分を切り取ること

発生させないことです。また、発生した不具合は原因を分析し、改善検討して実績管理する必要があります。そして、二度と不具合が発生しないよう作業標準書を更新して、運用することが大切です。

✔️製造現場で働くうえで必要なこと

　製造現場の仕事は、常にお客さまの視点に立ち、すべて同じレベルの品質に作りあげることが大切です。そのためには、一人ひとりが意識的に自分の作業を正しく行い、正しい品質を作りこみ、それを保証できる体制を作ることが重要になります。また、安全をしっかり守りながら、コストを下げ、納期を守り、自分の工程の責任を果たすことも大切です。

自分自身の仕事を見直す手順

☐ 作業を手順に分ける
☐ 必要なら、手を伸ばす、つかむ、運ぶ、というように細かく分けてみる
☐ 分けた一つひとつについて、その手順または動作が、安全、品質、時間にどのような関係があるかを明確にする
☐ 品質に関係している場合は、いま行っている作業が十分に良い品質を作り出すことにつながっているかを確認する。もし、つながっていなければ、作業の手順や方法を見直す

✔️正しい作業手順に沿って行う

　製造工程でもっとも大切なのは、決められた手順に沿って正しく作業を行うことです。旋盤作業を例に正しい作業とは何かを考えてみましょう。

〔作業指示〕何をいくつ作るのかを明確にする

▼

〔作業準備〕作業指示どおりのものが準備できているか、必ず自分で確認する

▼

〔段取り〕治工具の置き方の工夫、調整時間を減少させるために位置を決めて精度を上げる

▼

〔機械点検〕機械停止時にできる点検をし、機械の異常を早期発見する

▼

〔機械ならし運転〕機械を動かしていないとできない点検をする

▼

〔材料を取る〕機械のできるだけ近くに材料を置いておく

▼

〔材料を機械に取りつける〕品質基準にもとづき、標準どおりに行う

▼

〔機械で切削（加工）する〕異常がないか確認しながら行う

▼

〔加工品を機械から取りはずし、置台に置く〕
機械のできるだけ近くに置台を設置する

▼

〔加工品を測定し機械を調整する〕機械を点検し調節する

▼

〔後片づけをする〕整理整頓の徹底で使用前よりきれいにする

▼

〔帰りのあいさつをする〕気持ちのよい元気なあいさつを行う

コラム　測定の際の“誤差”について考えてみよう

　製造現場で測定する際には、「測定器固有の誤差」と「測定時の誤差」の2つの「測定誤差」が存在し、注意が必要です。

測定器固有の誤差と正しい行動

　測定器固有の誤差には、機構上、作製上の誤差がありますが、これらは JIS 精度が規定する範囲内に収まっていることが基本です。しかし、使っている間に測定器が摩耗したり、曲がったりして精度が悪くなることもあります。定期的に測定具を集めて、校正するとともに、測定器を使用する前に、**0（ゼロ）点チェック**（何も測定していない状態が、きちんと0になっているかを確認すること）を行う習慣をつけましょう。

測定時の誤差と正しい行動

　測定するときの行動に注意することが大事です。

☐　・ゴミ・ホコリによる誤差→測定器を使用する前によく掃除をする 　　・ゴミ・ホコリのあるところに保管しない
☐　・当て方による誤差→丸棒の長さを測る際には、中心線に平行に当てて測る 　　・時間に追われて焦って間違えた測定をしない
☐　・変形による誤差→決められたとおりの測定力をかけて測定する
☐　・読みによる誤差（アナログの場合）→視線を、メモリに対して垂直になるように測定する
☐　・温度による誤差→熱による膨張を考える 　　・被測定物の長さを正しく測るには、標準温度（20℃）のときに測る

✅ 価値を生み出す作業割合を拡大する

　製造現場を見ると、直接「価値」を生み出す作業と補完的な作業が存在することがわかります。実際に価値を生み出しているのは、**加工工程＝材料を変形・変質させたり、組立・分解したりというように何らかの状態に変える工程**のみで、加工工程の割合を増やしていくことが生産性を高めることにつながります。

　しかし実際は、材料を運搬したり、探したり、検査をしたりといった仕事に費やされる時間も多く、工夫・改善が必要です。また、一所懸命作った製品が不良化することもムダですし、機械故障などで生産が停止することもムダな時間です。こうした時間を発生させないためにも、品質管理を徹底するとともに、清掃・日常点検・給油などを事前に行い、予防対策をとることが大切です。

✅ 安全な作業を心がける

　製造現場の多くは、「安全第一」という標語を掲げています。安全を徹底することで働く人々は安心して仕事ができますし、機械の調子もよく、不良を発生させる割合も下がります。つまり、安全第一を守ることが、良い品質を生み、良い生産につながってきます。

　「安全第一」の職場を作るために必要なのは、つぎの2点です。

☐ **危険な状態を作り出さない**…日常点検をして早期に発見し改善する
☐ **危険な行動をしない**…安全行動基準を守る

安全な職場を作る２つの方法

ヒヤリ・ハットは災害のもと（ハインリッヒの法則）

　ハインリッヒの法則とよばれるものがあります。これは、ハインリッヒ（アメリカの保険会社の技師）が過去の不良や事故などの調査をして発見した法則で、ヒヤリ・ハットするような危ないことをしていると、死亡などの大きな災害は330回に１回程度発生し、小さな事故、災害は330回に29回程度発生します。

　したがって、ヒヤリ・ハットなどの小さなミスや不注意は見逃さず、その場で処理すること、また、三現主義（現場、現物、現実）で、ミスや不注意が起きた「現場」に出て、「現物」「現実」を確かめながら対策をとることが大切です。

図表1-5　ハインリッヒの法則

危険予知トレーニング

　多くの製造現場では、危険な状態と行動を発見するために、**危険予知トレーニング**（KYT：Kiken Yochi Training）が行われています。災害が発生する前に、危険を予知する能力を一人ひとりがもつことによって、「先どり安全」していくことが大切です。

3 生産の要素である 5M を理解しよう

✔生産活動には 5 つの M がある

生産活動には、M を頭文字にもつ 5 つの要素が存在します。

| Man （人） | Machine （機械） | Material （材料） |

Method （作業方法）　Measurement （測定）

※ Measurement を除き、「4M」とよばれることも多い。

生産活動は、さまざまな機械設備、治工具、型、その他生産に直接使われる道具類＝「**マシン**（Machine- 機械）」を使って行います。また、前工程からきた「**マテリアル**（Material- 材料）」を、図面どおりに製品を作るための「**メソッド**（Method- 作業方法）」によって取りつけ、加工、「**メジャメント**（Measurement- 測定）」によって確認する作業が存在します。また、これらの作業はすべて「**マン**（Man- 人）」によって行われています。

「**品質の改善管理**」とは、生産の要素であるこれらの 5M（マン、マシン、マテリアル、メソッド、メジャメント）の最適条件を作り出すとともに、工程の品質保証能力を安定するまで高め、それを維持するための作業標準、点検（測定）基準を決めることをいいます。そして、決められた最適条件を維持する、作業標準および点検基準を守ることを、「**品質の維持管理**」といいます。

品質の改善管理も品質の維持管理も、安全を確保し、生産コストを下げ、定められた品質のものを、決められた時間内に加工するために必要不可欠なものです。

4 これからのものづくり（スマートファクトリーなど）

　ここまでお話ししてきたように、会社の組織は一心同体となって、協業しながらものづくりを進めていくことが大切です。そして工場では協業の中で、マン・マシン・マテリアル・メソッド・メジャメントの最適化をはかり、他社に負けない QCD を実現していくことを求められています。

　こうした中で日本は、人口減少、高齢化社会などの問題をかかえ、グローバルでの競争に勝ち残っていくことが難しくなってきています。そして、このような状況は世界を見た時にも、多くの先進国にて同様なことが言えます。そこで、一つの解決方法として「スマートファクトリー」というものが世界で検討されています。

　これは、生産の自動化を進めるとともに、IT（情報技術）や AI（人工知能）の技術を使い、工場の人の動きや設備の状況、生産進捗などのデータを見える化、制御の自動化をすることで、より効率的かつ迅速にものづくりができることを目指しています。高技能者の技能を見える化し技能伝承の期間短縮や、高技能者でなければできなかった作業の自動化なども検討されています。

　スマートファクトリーを目指していくときに皆さんに関係するポイントは2つあります。

① 改善活動のより一層の推進

　ムダな仕事を IT 化、自動化しないで済むように、今まで以上に改善活動を積極的に推進してください。

② スマートファクトリー化検討への積極的な参画

　スマートファクトリーは、皆さんのような経験の少ない方々が、如何に効率よく多品種少量生産に対応できるようにするかも重要な検討事項になります。あれは上の人たちが考えるもの、と思わずに積極的に検討に参画することが大切です。皆さんの意見も多く取り入れていくことが成功につながります。

　これらの事をよく意識して、スマートファクトリーを成功に導いてください。

1-3 仲間づくりと人間関係の重要性を考えよう

1 働きがいのある職場づくりに必要なこと

✔チームプレーを意識する

　1つの製品は、職場の同僚をはじめ多くの人の協力によって作られます。組織として仕事をする以上、メンバーが互いを信頼し、より良い職場づくりをめざしていく必要があります。

　組織を活性化させるためには、目的を共有することが重要です。サッカーや野球といったスポーツであれば、「相手チームに勝つ」ことがチーム共通の目標です。また、目的を達成するためにはメンバー間の連携を深めていくことが大事です。よく、野球は4番バッターだけではできないといわれますが、「個人能力が高い」＝「チーム力がある」にはなりません。チーム力を上げるには、それぞれの役割を明確にするとともに、ポジション間の協力・連携を深め、チームワークを向上させていく必要があります。

個人の能力は
高いが、バラバラで
成果が出ない

個人の能力は
平均的だが、
チームワークがよく
成果が出る

✓「5 S」を重視する

　職場は、複数の人が協働作業を行う場所であり、働きやすい環境が整っていなければなりません。職場の維持管理には、つぎの「5 S活動」(頭文字がすべてSではじまることから「5S」とよばれます)が重要です。

〔整理〕	必要なものと不要なものを分け、不要なものを捨てること
〔整頓〕	必要なものがすぐに取り出せるように並べること。置き場所、置き方を決め、表示を確実に行うこと
〔清掃〕	掃除をして、ゴミ、汚れのないきれいな状態にすると同時に、細部まで点検すること
〔清潔〕	整理・整頓・清掃を徹底して実行し、汚れのないきれいな状態を維持すること
〔躾〕	決められたことを決められたとおりに守り、習慣づけること

　5 Sは、職場環境を維持・管理するための基本です。5 Sが定着することで、ものを探す時間が削減でき、時間と心にゆとりがもてるようになります。その結果、価値のある仕事に費やせる時間が増え、職場の雰囲気も良くなり、成果も上がります。また、5 Sが行き届いた職場・工場は、お客さまが訪れたときの印象を良くしてくれるに違いありません。

　しかし、5 Sのように、当たり前のことを当たり前に実行するのは容易なことではありません。また、5 Sは、1人だけの努力ではできませんし、職場ぐるみで取り組まなければなりません。そのため、5 Sは職場の管理レベルを測る物差しだといえます。

✔良好な組織風土を構築する

職場には、「組織風土」＝「社風」とよばれるものが存在します。組織風土は「目に見えないもの」ですが、無意識のうちに、メンバーの意欲と行動に大きく影響します。また、組織風土は社員の意識が積み上げられたものであり、組織風土を変えていくことは容易なことではありません。過去の悪習は、だれもが絶ちたいと願いますが、悪習を直すためには、悪習を蓄積してきたとき以上のエネルギーが必要になります。

組織風土をプラスに変えるためには、社員一人ひとりが、主体的に意識を変えることが大切です。一人ひとりの意識の集積が良い会社を作ることを認識しましょう。働きがいのある職場をめざすためには、各自がやるべきことを当たり前に実行する、そんな組織風土づくりが大切なのです。

2 問題意識が職場環境を良くする

✔そもそも「問題」って何だろう？

職場環境を改善するためには、「何が問題なのか」ということを正しく認識する必要があります。問題のとらえ方が違ってしまうと改善にも解決にも至らないので、注意が必要です。

問題とは、あるべき姿との差異のことをいいます。つまり、**「現在の姿（状態）」について、「ある尺度」をもって「あるべき姿（目標）」と比較したとき、その「差」を「問題」**ととらえます。とくに生産活動においては、この「問題」を定量的にとらえることが重要で、数値に置き換えることで現象を正しくとらえることができます。

たとえば、つぎの2つの表現を検討してみましょう。

「私の職場では毎日、少しだが不良が発生する」
「私の職場では毎日、0.1 ％の不良が発生する」

　おそらく後者のほうが、より問題を具体的にとらえることができ
ますし、故障などの削減目標も容易に設定できるでしょう。こうし
た**実態を数値で把握することを定量的**といい、その反対となる概念
を**定性的**といいます。

図表1-6　維持管理と改善・改革

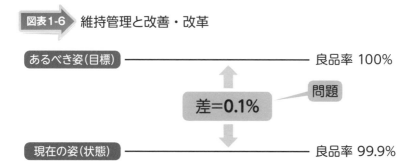

あるべき姿（目標）――――――――――――― 良品率 100%

差=0.1%　　問題

現在の姿（状態）――――――――――――― 良品率 99.9%

✔「問題」を測る尺度とは

　問題を発見するためには、何と比べるか、問題を測る尺度が重要
です。

問題を測る尺度
1. 基準・目標と実績とを比較する
2. 原理・原則と比較する
3. 過去の実績と比較する

① 基準・目標と実績との比較による行動の管理

　社会には一定のルールがあり、それを守ることで円滑な社会生活

が営まれます。私たちが車を運転するとき、制限速度を頭に入れるのは、スピード違反をすると罰せられることを認識しているからです。同様に、検査では、「規格値」（基準となる数値）と「測定値」とを比較して良否を決めます。そして、「標準時間」と「実績時間」とを比較したときの差の大きさを**「作業能率」**といい、「工数（能率）管理」では、この差を明確にしながら達成率や今後の改善目標を設定します。一方、あるべき目標と現状とを比較し、改善を加えていくことを**「目標管理」**といいます。

差

差を意識して
改善する

標準時間

実績時間

② 原理・原則との比較による行動の管理

　生産現場では、ものを変形・変質・組立・分解する作業がひんぱんに行われます。ものに対して力を加えて曲げたり、温度を加えて変質させる作業には、多くの物理、化学、工学の法則（原理・原則）が活用されており、その法則からはずれると、不良品ができたり、設備が故障したりします。

　こうした原理・原則と比較しておかしいと思ったことを見逃さず、改善に向けて施策を講じていくことが大事です。

　たとえば、動作の改善には、**「動作経済の原則」**といわれる考え方があります。これは、「動作の数を減らす」「動作を同時に行う」「動作の距離を短くする」「動作を楽にする」といった基本行動を取る

ことによって、最小限の疲労で最高の能率を上げる、作業動作を最大化する原則のことです。

この原則と現状の作業方法を比較することで、「問題点」がわかり、改善のための着眼点を得ることができます。

③ 過去の実績との比較による傾向管理

基準や目標、原理・原則といった標準がないときには、過去との比較で問題を発見します。前月や前年同月の傾向と比べて良くなったか悪くなったかをはっきりさせ、改善を図っていくことが大事です。

✔「見える化」の推進

会社方針や中期経営計画、年度予算、損益などを公開する企業が増えています。また、生産現場では、工場方針や職場目標、生産性や品質状況などの管理指標を「**見える化**」しています。

生産現場で「見える化」が進展しているのは、「見える化」することで、生産現場にかかわるメンバー全員が情報や意識を共有できるようになるためです。また、進捗状況を「見える化」することで、挽回策の検討や、協力へのモチベーションアップが期待できるでしょう。

ちなみに、良い会社、強い現場では、各工程で「見える化」のしくみを導入するとともに、問題を改善した結果である成果についても「見える化」しています。というのは、取り組んだことの成果が明確になることで、達成感を感じることができ、つぎの改革・改善のモチベーションにつながっていくからです。

3 上手なコミュニケーションを図ろう

✔ コミュニケーションの基本は５Ｗ１Ｈ

　伝えたいことを伝えたい相手に正しく伝えられてこそ、コミュニケーションがとれたといえます。また、相手の話をきちんと受け止め、十分に理解することでコミュニケーションは円滑になります。

　情報は、つぎの「5W1H」で構成されており、話す（聞く）ときには 5W1H を明確にすることが重要です。

Who
（だれが）…担当、人

When
（いつ）…時期

What
（何を）…目的

Where
（どこで）…場所

Why
（なぜ）…理由

How
（どのようにして）…方法

✔ 相手の立場に立ったコミュニケーションを

　人にものを頼むときには、Why（なぜ）という理由（目的）を伝えることが重要です。理由も言わずに、後輩に「今日、仕事を手伝ってほしい」といっても、「なぜ仕事を手伝わなければならないのか」と反発されるだけです。依頼するときにはひと言、Why という理

理由も言わずに
仕事を頼んでも…

締切りを伝えて、
仕事を依頼すると

9/15

由をつけ加える、相手の立場に立ったコミュニケーションが重要です。

　もうひとつ、依頼するときに忘れがちになるのは、When（いつ）を明確にすることです。仕事には納期がつきものです。納期を明確にすることで、後々のトラブルを防止することが大事です。

✔ 活気のある会議をしよう

　会議の場で、つぎのような経験をした人はいないでしょうか。

決まった人のみが
発言をしている

間違えたら恥ずかしいので
発言ができない

会議に参加するものの
意見を言える
雰囲気ではない

批判されたくない、
恥をかいてまで
意見を出したくない

　会議は、情報を伝えたり、物事を決めたりするのに重要な場です。また、参加者からアイデアを求めるような会議もあります。そんな大切な会議を上記のような会議にしてしまっては意味がありません。

　会議を活性化するためのポイントはいろいろありますが、まずは、「**ブレーンストーミング**」という手法を活用することをお勧めします。

ブレーンストーミングは、集団でアイデアを出す場合の技法のひとつで、1941 年、アメリカのボストンにある広告会社の副社長・アレックス・F・オズボーンが考えたアイデア開発会議の方式です。そして、その手法の根底には、「本人にとってはつまらないアイデアに思えても、ほかの出席者に別のすばらしいアイデアをひらめかせるかもしれない」という考え方が存在します。

　ブレーンストーミングには、４つの原則・ルールがあります。重要なことは、出てきたアイデアを否定せず、どうすれば実現できるかを考え、また、恥ずかしがらずに、自由奔放な意見を出してみることです。こうしたルールを全員が平等に守ることで、会議は活性化し、多彩なアイデアが数多く出されるようになります。

ブレーンストーミングのルール

□　良い悪いの批判はしないこと：出てきたアイデアを批判してはいけない
□　自由奔放なアイデアを歓迎する：アイデアはこっけいなもの、奇抜なものほど良い
□　何でも良いからどんどん量を出す：アイデアの数が多いほど良いものが出る可能性がある
□　他人のアイデアに便乗する：他人のアイデアから連想や組み合わせをする

会議の進め方のポイント

司会者

❖ テーマ理解が深く、独創力・分析力をもち、ユーモアがある人
❖ 会議などの司会に慣れ、リーダーシップのある人が適任
❖ 最後にまとめと次回までの検討事項を明確にすることも役割

発言者（メンバー）

❖ 人数は5人前後がベストで、同じような地位の人を集めるとよい（ただし、会議の目的に応じて変更可能）
❖ 発言者は、会議の進め方を必ず頭の中に入れて会議に臨み、先入観にとらわれず、積極的に発言するように心がける

準備するもの

❖ アイデアを書き留めるもの（例：ペン、ホワイトボード、ふせん、模造紙）

会議時間

❖ 会議時間は、20分〜1時間程度。意見が出なくなってきた場合やさらにアイデアがほしいときには、しばらく休息をとる

4 小集団活動で行う問題解決

✔ 小集団活動とは

　各企業では、QC*サークル、ZD*サークル、または自主管理活動などという名称で**小集団活動**が行われています。小集団活動は、品質向上策として開発されたもので、作業者が小集団をつくってグループ討議をし、自主管理で **PDCA サイクル**を回しながら品質や業務の改善を実施し、自分たちの職場を働きやすい場に変えていく活動です。この活動は、自己啓発・相互啓発の場であるため、成果は会社のためだけでなく、自分の成長にもつながります。

　ちなみに PDCA サイクルとは、生産管理や品質管理等の現場で業務を円滑に進めるための手法として広く活用されており、「計画（Plan）」「実行（Do）」「検証（Check）」「改善（Action）」の一連のサイクルの頭文字をとってこの名称が付けられました。

図表1-7 ▷ PDCAサイクル

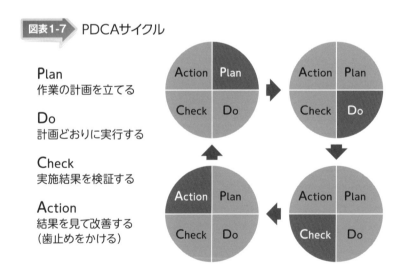

Plan
作業の計画を立てる

Do
計画どおりに実行する

Check
実施結果を検証する

Action
結果を見て改善する
（歯止めをかける）

また、私たちは、自分自身の能力を向上させ、それを思う存分発揮したいという欲求をもっています。小集団活動は、知識や経験を出し合い、自分たちで自分たちの抱えている問題を解決する創造の場であり、自己実現欲求を満たす活動でもあります。

図表1-8は、アメリカの著名な心理学者アブラハム・マズロー（1908-1970）が提唱した「自己実現理論（欲求5段階説）」を説明するときに使われるピラミッド図です。人間は自己実現するために成長するものだという考えに基づき、ピラミッドの底辺から上に向かって欲求を段階的に発展させていくことを表しています。

小集団活動は、チームメンバーとして認められた人たちが、より良い仕事の仕方を考えたり、作業を改善したりするためにいろいろな角度からアイデアを出すことで、日頃の問題を解決していくことを目的に行います。こうした活動を通して、組織は自立し、成長していくのです。

※ QC…Quality Control、品質管理
※ ZD…Zero Defect、欠陥ゼロ、不良ゼロ

図表1-8 マズローの欲求5段階説

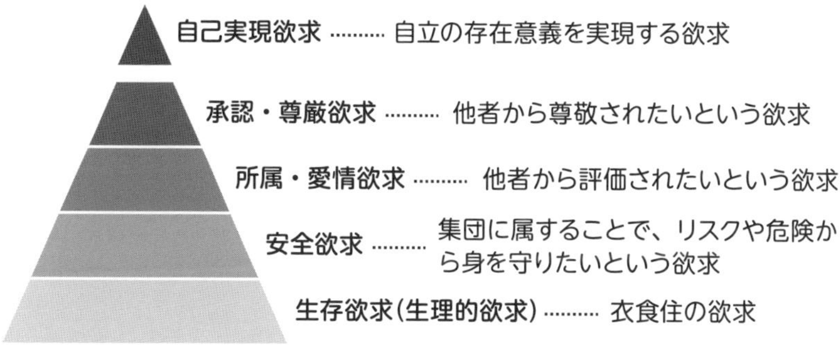

自己実現欲求 ……… 自立の存在意義を実現する欲求

承認・尊厳欲求 ……… 他者から尊敬されたいという欲求

所属・愛情欲求 ……… 他者から評価されたいという欲求

安全欲求 ……… 集団に属することで、リスクや危険から身を守りたいという欲求

生存欲求（生理的欲求）……… 衣食住の欲求

✅ 小集団活動でのメンバーシップ

　小集団活動を盛り上げ、成果を生み出すためには、リーダーのリーダーシップとメンバーのメンバーシップが必要です。小集団活動をうまく行うための条件としては、つぎの6項目があります。

1 共通の目標が明確にされている

　サークル内で共通の目標(テーマ)が明確にされ、メンバー一人ひとりに「何をどうしたいか」が徹底されていること(メンバーの納得感がグループの強さをつくる)

2 改善の手順がはっきりしている

　全員の討議で、「何を」「いつ」「どのように」「なぜ」実行するのかという計画を立てること

3 役割分担を決める

　リーダー、サブリーダー以外に、改善のための現状のデータ収集などは「だれがするのか」という役割分担を決めること

4 会議では全員が発言をして知恵を集める

　討議するときには、その日の会議のテーマをよく理解して、各メンバーが今日の討議の目的やテーマから脱線しないように意識し、問題をまとめる方向にもっていくこと

5 改善案を実施するための準備をする

　改善案が決まったら、自分たちだけでなく関係部署にも説明をして納得してもらってから、実施に移すこと

6 実施した結果をまとめる

　実施した結果をまとめ、成果を確認しながら、一歩ずつ成長すること

第 2 章
コスト管理の基本

学習のポイント

　ものづくりには、ものを作るための「もと」＝「コスト」がかかります。競争力を高めるためには、品質を落とすことなくコストを削減することが重要です。

　第2章では、コストとは何なのか、またコストにつながるムダについて理解を深めるとともに、コスト低減の基本を学びます。

この章の内容

2-1　コストを意識しよう

2-1 コストを意識しよう

1 コストの意味を考えてみよう

✔ ものを作るには「もと」=「コスト」がかかる

　ものを作る場合には、必ず「もと：お金、時間、身体、道具など」がかかります。「**コスト**（原価）」とは、ものを生産する際にかかっていた「もと」を総合したもので、主に「人」「設備」「材料」の3つに分けられます。また、工場でよく「能率」「生産性」「歩留り」という言葉を使いますが、それは、コストをどれだけムダのないようにかけたかを示す指標を意味しています。

コストの種類／3M

人(Man)	材料を運ぶ、材料を機械へ取りつける、設備を運転操作または監視する、できばえを測定・判断するなどの行動
設備(Machine)	機械、測定具、取付具、運搬具など
材料(Material)	部品を作るために必要な寸法と材質のもの

✔ 「人」のコストにはどのようなものがあるか

　「人」のコストといえば、労働の対価として支払われる人件費が代表的です。生産現場で働く人は、給料に見合うだけ、もしくはそ

れ以上の売上を達成するか、ムダを省く取り組みが必要になります。ムダを省く取り組みのひとつである「コストダウン」のために、つぎのことに挑戦しましょう。

□　自分の身のまわりのコストは何かを理解する

□　身のまわりにムダがないかを考える

□　ムダがある場合は、それをできるだけなくす

✔「設備」のコストにはどのようなものがあるか

　設備は、ものを作るのに使用する機械、装置、道具類の総称で、つぎのようなものが挙げられます。

▶機械本体
▶治具取付具
▶検査測定具
▶機械と機械の間をつなぐ付属機器
▶道具類（ハンマー、ドライバーなど）

　また、設備は、大きくつぎの2つの入手方法があり、それぞれ入手する段階でコストが発生します。

▶その設備を専門に作っている会社から購入する ➡ 購入費用
▶図面を書いて、材料を購入して自分たちで作る

　　　　　　　　➡ 設計費用＋材料費＋加工組立費

生産活動をするためには設備は欠かせません。しかし、コストを
ムダに発生させないためにも、設備を遊ばせず働かせることが大事
です。材料を取りに行くときに安易に設備を止めない、また加工後
のバリ取り※や寸法測定はつぎの材料の加工中に行うなどの取り組
みが必要になります。

✔ 「材料」のコストにはどのようなものがあるか

　ものを作るためには材料が必要です。製品のコストは、この材料
をいかにうまく使えるかに左右されます。

　材料費は、

> その部品を作るために「投入された素材の重量」×「単価」

で決まります（完成重量ではなく投入された素材の重量）。

　また、「投入された素材の重量」である材料のロスを少なくする
ポイントは、つぎの2点です。

□　材料の使用量をできるだけ少なくすること
□　その材料を不良品にしないこと

　とくに不良品を作ると、材料がムダになるだけでなく、その工程
に材料が来るまでに費やされた工数や設備の費用もムダになりま
す。また、もう一度材料を作り直すという手間も発生します。

※バリ取り…金属材料などを切削する際にできる出っ張りの部分を取り去ること

2 コストを下げる意味を考えてみよう

✔ものを売るときのポイント

製品そのものの機能が他社と同じだと仮定した場合、ものが売れるには、以下の3点がポイントになります。

▶価格が安い
▶広告宣伝の良し悪し
▶販売店の立地条件の良し悪し

価格が安いことは、お客さまがものを購入するかを決定する大きな要因です。自分が支払うお金に見合った価値があれば高くても買うという人がいますが、同じ価値の商品なら、より安い商品を購入するのが普通でしょう。したがって、生産の現場にかかわる人間は、いかに他社よりもより良いものをより安く作るかを課題として、ものづくりに取り組んでいくことが重要です。

✔安く売るために必要なこと

価格は、製品を売るためにかかったコストに利益をプラスして決められます。安く売るためには、利益を少なくするか、コストを下げるか、2つの方法しかありません。

しかし、利益はこれからの会社の発展の基盤になるもので、むやみに圧縮するわけにはいきません。そうなると、いかにコストを下げ、他社より優位な価格を設定できるかが鍵を握ることになります。前述したように、コストには「材料費・人件費・設備費」などがあり、なかでも「人件費」をいかに抑えるかが大きな課題になっています。

価格とコストの関係

価格（販売価格）					
利益（営業利益）	コスト				
	販売費 管理費	材料費	人件費	設備費	その他 経費

製造コスト（製造原価）

　ただし、人件費は製品を作るためのコスト全般をさしており、給料そのものではないということに注意を払うことが必要です。たとえば、同じ時間でより多くのものを作れるようになれば、製品ひとつあたりの人件費は下がります。つまり、コストダウンとは、製品を作るためのコストのひとつとしての人件費を下げることであり、給料を下げることではありません。むしろ一人ひとりの生産性を高めることで、給料に見合う、あるいはそれ以上の利益を生み出していくことが大事なのです。

3 コストのムダと作業工程の関係を理解しよう

✔生産の5種類の工程

　コストを削減するためには、コストにつながるムダを知らなければなりません。また、コストのムダを知るためには、ものづくりに必要な工程を把握する必要があります。一般的に、生産には、貯蔵、滞留、運搬、加工・組立、検査の5種類の工程があります。

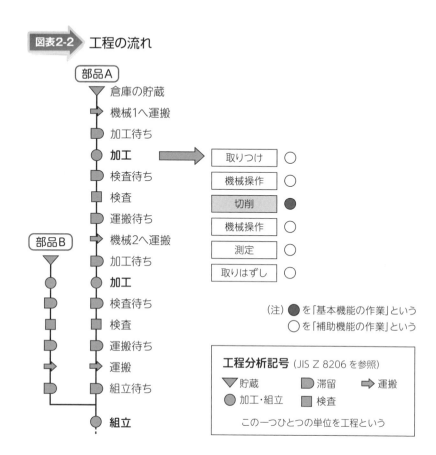

図表2-2 工程の流れ

部品A
- ▼ 倉庫の貯蔵
- ⇨ 機械1へ運搬
- ☐ 加工待ち
- ● **加工** ⇨
- ☐ 検査待ち
- ■ 検査
- ☐ 運搬待ち
- ⇨ 機械2へ運搬
- ☐ 加工待ち
- ● **加工**
- ☐ 検査待ち
- ■ 検査
- ☐ 運搬待ち
- ⇨ 運搬
- ☐ 組立待ち
- ● **組立**

部品B
- ▼
- ●
- ☐
- ■
- ☐
- ⇨
- ☐

取りつけ	○
機械操作	○
切削	●
機械操作	○
測定	○
取りはずし	○

（注）● を「基本機能の作業」という
　　　○ を「補助機能の作業」という

工程分析記号（JIS Z 8206 を参照）
- ▼ 貯蔵　　■ 滞留　　⇨ 運搬
- ● 加工・組立　　■ 検査

この一つひとつの単位を工程という

✔「運搬」と「滞留」

　図表2-2を見てもわかるように、生産工程における「運搬」や「滞留」時間はかなりの割合を占めています。運搬や滞留は、それだけでは価値（お金）を生まない工程であり、運搬が多いと、運搬の過程で材料にキズをつけたり曲げてしまうことが考えられます。また、材料がつぎの工程へ移動するまでに、パレットの上に材料が山積みされている工場を見かけることがありますが、これも、まったくお金を生まない工程で、多くのムダ（ロス）が発生します。

☐ 滞留中に材料がサビてしまう（お金にならない「変質」）
☐ そのサビを落とすために余分な手間がかかる
☐ 滞留のものが多いと、 　■自分の機械の身近にものが置けないため遠くまで取りに行ったり、置きに行ったりする 　■ものを探し回る
☐ 探すのが面倒で、新しい材料を使ってしまう

　このようなことをなくすためには、まず「整理・整頓」を心がけることが大事です（43ページ参照）。

✅「加工・組立」

　「加工・組立」の工程は、唯一「お金を生んでいる工程」です。加工・組立の工程は「加工、組立、塗装、溶接」といろいろありますが、言い換えると、ものに対して「価値ある変形・変質」を与える工程です。

　ただし、同じ加工工程でも、実際に価値を生み出す基本工程と補助的な工程とに大別されます。61ページに記載した図表2-2の中では、実際にお金になっているのは切削という切粉を出している作業です。材料の取りつけや取りはずし、また機械操作などの作業は、「切削」するためにやらなければならないしくみになっているからやっているだけで、本来はなくしたい作業です。

　価値をより多く生み出すためには、実際にお金を生む部分を厚くし、補助的な作業を減らしていくことが大事です。

図表2-3 加工工程の基本機能（＝お金になる工程）と
補助機能（＝価値を生まない工程）

基本機能の作業	加工・組立などの作業
補助機能の作業	機械の操作、刃具の交換、段取り、検査、材料の運搬、歩行などの作業

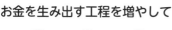

お金を生み出す工程を増やして　　利益を向上

✔「検査」

　検査には、数を確かめる検査と、質を確かめる検査があります。

　「**数の検査**」とは、たとえば作業伝票で100個加工しなさいという指示に対して、前工程からもらった材料が100個あるか、また自分が加工し終わったものが100個あるか、といった数を確かめる検査です。数を確かめるという作業は、「運搬」や「滞留」と同じようにお金を生む作業ではないため、できるだけ短時間で行われることが望ましく、つぎのような工夫が必要です。

☐　いちいち数えなくても、見れば数がわかるようにする

☐　運搬や滞留中に異なる材料・部品が混ざらないようにする

☐　滞留中に勝手にその材料を他の部品に転用しないようにする

☐　自動的に個数を確認する計測器を利用する

「**質の検査**」は、「所定の寸法に加工されているか」「キズはないか」といった検査が該当します。質の検査は、加工後の状態を測定して、図面や品質基準と照合して、計測した製品のその後の処置（良品か不良品か）を決める作業です。したがって、検査によって、部品の寸法精度が変わったり、キズやへこみがなくなるわけではありません。その意味では、質の検査もお金を生まない工程ですが、不良品を後工程へ送るのを防ぐなど、ロスを未然に防ぐ役割を担っています。

検査の工数を減らしたり、人手をかけないために検査の機械化を推し進めることはかまいませんが、「品質の安定」＝「不良品を作らないようにすること」を忘れてはいけません。

4　コストにつながるムダを理解しよう

（1）人の作業ロスにはどのようなものがあるか
✔価値（お金）を生み出す時間は想像以上に少ない

図表2-4 は、ある工場で働く作業者の1日の仕事内容です。生産工程では、「価値ある時間の比率を高めること」が重要ですが、この例で見ると手動切削の17.9％がその時間に相当し、お金を生んでいる時間が1日のうちの20％にも満たないことがわかります。

また、1日の仕事をその性格別に分類すると、図表2-5 のようになります。この図からわかるように、本当に有効に使われている時間は、すべてのロスを差し引いた値を就業時間で割った値（E/A）です。多くの職場では50％程度ですが、中には30％くらいというところもあります。

図表2-4 ある作業者の1日の仕事の割合

注：1日(就業時間)を100としたときの各仕事の比率

不在 2.6%
ボンヤリ他 6.3%
休けい 3.3%
雑談 7.6%
朝礼 3.3%
材料運搬 2.2%
打合せ 4.6%
教育・訓練 4.2%
検査 3.6%
機械調整 3.6%
切粉除去 7.3%

段取り 11.1%
手動切削 17.9%
監視(自動切削中) 8.4%
部品取りつけ・取りはずし 14.0%

図表2-5 ロス構造図

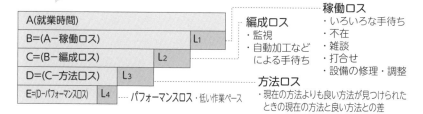

A(就業時間)
B＝(A－稼働ロス) L₁
C＝(B－編成ロス) L₂
D＝(C－方法ロス) L₃
E＝(D－パフォーマンスロス) L₄ … パフォーマンスロス・低い作業ペース

稼働ロス
・いろいろな手待ち
・不在
・雑談
・打合せ
・設備の修理・調整

編成ロス
・監視
・自動加工など
　による手待ち

方法ロス
・現在の方法よりも良い方法が見つけられた
　ときの現在の方法と良い方法との差

✔ **人がからむロスには４種類ある**

人がからむロスには、つぎの４種類が存在します。

| 1. 稼働ロス | 2. 編成ロス | 3. 方法ロス | 4. パフォーマンスロス |

□ 稼働ロス

稼働ロスとは、職場で私たちが行っているいろいろな作業から「加工・組立など」の作業と、その作業を行うために付随する「機械の操作、刃具の交換、段取り、検査、材料の運搬、歩行など」の作業を除いた残りの作業をいいます。

また、この稼働ロスには、私たちの努力や行動ですぐになくせるもの（雑談・息抜きなど）と、現在の生産のしくみを変えなければなくせないものがあります。

図表2-6 稼働ロスの例

手待ち	**クレーン待ち**	となりの人がクレーンを使っていて、それが終わるまでの待ち
	刃具待ち	工具室からの刃具の供給遅れによる待ち
	アイドリング待ち	設備の作動油が一定の温度に上がるまでの待ち
	指示待ち	次作業は何をやるか、班長からの指示が来るまでの待ち
不在		なんらかの理由で職場を離れる
雑談		仲間と話す
打合せ		仕事を進めるうえでの打合せ、上司との打合せ
設備の修理・調整		設備の故障や不安定による修理・調整

② 編成ロス

編成ロスには、つぎのようなものがあります。なお、編成ロスは、方法ロスのひとつととらえることもあります。

自動加工、自動脱着、自動測定中などでの手待ちや監視

ex 機械加工職場では、材料のセットは人がかかわるものの、その後の加工が自動でされる場合は、作業者は手待ちや監視状態になってしまう。

工程バランスが合っていないための手待ち

> ⓔⓧ「コンベヤ作業」では一人ひとりの作業時間が異なるのが一般的で、一番遅い人の作業スピードに左右されます。図表2-7の例では「第3工程の5分」が基準になり、他の人は、手待ちが少しずつ発生しています。

図表2-7 コンベヤ作業でのラインバランス

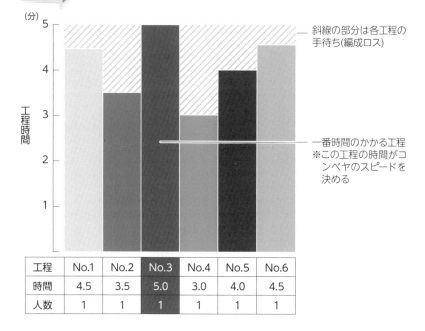

斜線の部分は各工程の手待ち(編成ロス)

一番時間のかかる工程
※この工程の時間がコンベヤのスピードを決める

工程	No.1	No.2	No.3	No.4	No.5	No.6
時間	4.5	3.5	5.0	3.0	4.0	4.5
人数	1	1	1	1	1	1

③ 方法ロス

　方法ロスとは、「現在の作業方法が改善可能だとわかったときに、現在の作業時間と新しい作業方法による時間の差」を意味します。たとえば、材料を機械に取りつけるのに3分間かかっていたものを、油圧クランプ方式に変えることで30秒に短縮可能なことがわかっ

たとします。このとき、現在の材料取りつけ作業には「3分－30秒＝2分30秒」の方法ロスが含まれていることになります。

　方法ロスがあるかないか、またその方法ロスが多いか少ないかは、改善案を考え出せるかどうかにかかっており、方法ロスを多く発見した職場は、それだけで知恵をたくさん出した職場だといえます。そうした職場は、ロスが多く発生したことを恥じる必要はありません。むしろ知恵をたくさん出したことを誇りにすべきでしょう。

④ パフォーマンスロス

　パフォーマンスロスとは、仕事にあまり慣れていないために発生するロスや、働いている人たちの努力不足によって、低い作業ペースで作業するために生じるもののことをいいます。

　　▶標準作業を守っていないロス　▶作業ペースのロス
　　▶微少な手待ちロス　　　　　　▶不良品を作ってしまったロス

　作業に対する習熟度や努力が向上すれば、これらのロスがなくなります。それとともに、作業時間のバラツキも少なくなります。

（2）設備のロス
✔設備のロスにはどのようなものがあるか
　設備のロスは、つぎの4つの種類に分類されます。それぞれの特性を知り、対策を講じていくことが必要です。

> **1. 停止ロス**：「故障・段取り調整・日常点検」などの理由で設
> 備が止まってしまうロス
>
> **2. 速度ロス**：設備を導入したときの能力と現在の能力との差
>
> **3. 不良ロス**：設備のガタや摩耗によって発生する不良品
>
> **4. 操業ロス**：24時間フル稼働できるのに、操業しないことに
> よって発生するロス

1 設備の停止ロス

たくさんのものを作るためには、設備を止めずに、いかに長時間稼働させるかがポイントです。設備の停止理由を大別すると、つぎのようなものが挙げられます。

- ▶故障の修理　　▶段取り調整
- ▶日常点検　　　▶その他

《故障の修理》

設備が故障すると、修理が完了する間にロスが生じます。また、故障した原因を探ってみると、つぎのようなことが挙げられます。

■ ふだんあまり手入れをしていなかったために、

- ➡ 部品の摩耗に気づかなかった。
- ➡ 油をさすのを忘れていたためにヤキついた。
- ➡ ボルトやナットのゆがみがわからなかった。

■▌ ゴミやホコリがスライド面に入りこんで、スライド面がヤスリをかけたような状態になり、ガタガタになった。

■▌ 設備の運転条件を守らなかったり、間違えてしまった。

■▌ 異常（音・におい・温度など）の兆候をつかめず、そのまま運転を続けてしまった。

　これらの故障は、毎日やるべきことをきちんとすれば、必ずなくなります。

《段取り調整》

　段取りというのは、ある部品から別の部品の生産に切り替えるときに発生する作業で、前の部品の生産に使っていた治工具、測定具などを片づけて、つぎの良品の部品が作れるようになるまでに、一定の調整時間が必要になります。

　ニーズの多様化によって、工場では多品種小ロット化が進んでいます。そうなると、必然的に段取り回数が増加するため、段取り時間の短縮は多くの企業にとって大きな課題になっています。

《日常点検》

　日常点検も設備を止める理由になります。しかし、故障やチョコ停の起こる理由からもわかるように、日常点検は、設備の停止を少なくするために欠かせないものです。「点検のために設備を止めるのはもったいない」などと言わず、必要な点検は欠かさずやるようにしましょう。ただし、点検作業の効率化は考えなければなりません。

《その他》

そのほかの設備停止ロスには、つぎのようなものがあります。

□ 材料が来ないための停止
□ 作業者がなんらかの理由で設備から離れたときの停止
□ 作業の指示待ち

② 設備の速度ロス

《チョコ停》

チョコ停というのは、チョコチョコと設備が止まることです。チョコ停も故障と同じような理由で起こることが多いといえます。

《速度低下》

設備の速度ロスとは、設備の導入時（設計・製造時）の能力と現在の能力との差をいいます。たとえば、ある設備仕様が1サイクル18秒であるのに対して、実際は36秒で生産していたら、その差がロスだと考えられます。

こうした差に気づくためには、毎日自分が運転している設備の最高能力（その設備が製造された当初の能力）を把握する（把握できていない場合は、設備の『取扱説明書』で確認）とともに、実際に運転している設備の条件を比較してみることが大事です。

③ 設備の不良ロス

設備の不良ロスとは、設備の不良に起因するロスのことで、製品（部品）に品質不良が発生するものです。品質不良の発生要因には、つぎのようなものがあります。

「材料」に起因するロスの例
◉鋳物の巣（鋳物の内部の欠陥）や材料の曲がり　など

「人」に起因するロスの例
◉設備のミスオペレーション、雑な材料の取扱い（キズやへこみ）など

「生産期間」に起因するロスの例
◉停滞中の変形・変質　など

「設備」に起因するロスの例
◉油がもれて、製品につくことによる不良
◉旋盤の刃物台にガタがあり、切削具が振動して加工面が粗くなる
◉溶接機の電流系の精度低下に気づかず、本人は正しい値を設定したつもりが実際の電流が過大になり、溶着金属が満たされず、みぞのままだったり、金属粉などが付着してしまう
◉切断機の材料位置決めストッパのエアシリンダの作業不良による位置ズレ
◉塗装のブースの中を、長い間清掃していないため、製品にゴミやホコリが付着
◉光電管の締めつけボルトがゆるみ、方向がズレて探知できずに製品がコンベヤから落下　など

　不良ロスを防ぐためには、設備はいつもきれいにしておき、毎日点検すべきポイントは必ず点検すること。また、稼働中はこれまでと変わった音や振動が発生していないか気をつけることが大事です。設備の精度が常に保たれているように、定期的に精度チェックすることも必要です。

④ 設備の操業ロス

　生産計画上、必要であれば、設備は 1 年 365 日、しかも毎日 24 時間働くことができます。設備の購入にかかった費用（コスト）は、設備が止まっていてもその設備にかかっているため、設備は徹底的に使い切り、もとを取ることが大切です。

（3）材料のロス

✔材料ロスにはどのようなものがあるか

　どんなに材料をムダなく使おうと思っても、ロスは発生します。一般的に、材料がどのくらい有効に使われているかは、つぎの計算式で表せます。

良品完成量／投入総量 × 100%

　また、材料のロスには、つぎの 3 つのロスがあります。

| 1. 端材（残材）ロス |
| 2. 取り代ロス |
| 3. 不良ロス |

① 端材（残材）ロス

　端材（残材）ロスとは、素材から初工程の加工のために必要な材料を切断したあとの残りで、そこからは別の部品の材料として使えないものをいいます。たとえば、つぎのケースが考えられます。

| □　鉄板からいろいろな形状のものを切り取ったあとの残り |
| □　長いパイプからいろいろな長さのパイプを切断したあとの残り |

端材（残材）ロスを防ぐには、端材そのものを極力出さないようにすることです。そのためには、「板取り」（カッティングプランともいう）、「部品と素材の上手な組み合わせ」を考えることが大切です。つまり、一定の素材の寸法から、いかにうまく組み合わせて多くの部品を取るか、あるいは、部品の組み合わせ方によっては、いつも一定の寸法の素材ではなく、大きさの違う素材をいくつか用意しておくことが重要です。

[2] 取り代ロス

　取り代は切削代（せっさくしろ）ともいい、素材から図面に指示された完成品の寸法にするために、削り出した材料のことをいいます。この取り代が少なければ少ないほど、素材の重量も少なくなり、材料費も安くなります。

　取り代が多くなってしまうのは、つぎのような理由からです。

□　取り代の指示があいまいである
□　素材の受入検査時に取り代をチェックしていない（例：鋳物など）
□　加工設備の精度が悪く、不良品を出さないために取り代を多くしている
□　素材を作る工程の製造技術・設備に問題があり取り代を少なくできない

[3] 不良ロス

　材料に起因する不良には、①鋳物の巣、②材料の曲がり、③材質や硬度のバラツキ、④材料の中への異物の混入、などがあります。とくに④は職場内で起こる可能性があるので、注意しましょう。

5 コスト低減の進め方を考えてみよう

(1) 改善の手順

✔ コストダウンテーマの考え方（費用別のテーマ説明）

　コストダウンを進めるためには、対象となる費目別に、正しくテーマ選定を行うことが大切です。工場のコストは大きく材料費、労務費、経費に大別されますが、単価を低減すること、あるいは使用量を低減することの2つの視点でコストダウンを図ります。

　たとえば、**材料費**については、仕入れる材料の購入単価を低減し（調達コストダウン）、材料をムダなく使用すること（歩留り向上）でコストダウンが図れます。また、**労務費**については、賃率の低減（賃率の低い外注先に仕事を委託するアウトソーシングも含まれる）と、より短時間で同じ出来高を生産できるようにすること（労働生産性の向上、設備生産性の向上）が大事です。そして**経費**では、購入するものの単価を低減すること（調達コストダウン）と、購入量（使用量）の低減などを図ることが必要でしょう。

図表2-8 コストダウンの考え方

費目	コストダウンの視点	
	単価の低減	使用量の低減
材料費	調達(購買)コストダウン	歩留り向上
労務費	賃率の低減 （アウトソーシングなど）	労働生産性、設備生産性の向上
経費	調達(購買)コストダウン （購入品、業者選定など）	使用数の削減 （購入品など） 労働生産性の向上 （メンテナンス作業）

✔️作業を「より楽に、早く、確実に」する

　作業を、より楽に、早く、確実に行うことも、コストダウンを図るうえで有効な方法です。もし、障害になっている事柄があれば、以下のような流れで問題点・原因を抽出し、改善を図りましょう。

図表2-9 一般的な改善の手順

〔目的の認識〕何をどうしたいのかを明確にする（分析の対象を決める）

〔現状の分析〕現状を正しく定量的につかむ

〔問題点の抽出〕現状の作業の中での問題点（改善したい点）を
　　　　　　　　ピックアップする

〔原因の分析〕なぜその問題が起こるのか、原因をつきつめる。考えられ
　　　　　　　るいくつかの原因を定量的にウエイトづけする

〔改善案の立案〕個々の原因ごとにどうすればよいかを考え、その実施費
　　　　　　　　用と期待できる成果を算出し、どの改善案がよいかを評価する

〔改善具体案の作成〕実際にその改善案を実施する人との打合せを十分
　　　　　　　　　　にする

〔実施、フォローアップ〕実施して、その結果を確認し、期待どおりの成果が
　　　　　　　　　　　　出ているか確かめる。期待どおりでなければ、さらに改善案を考える

　この手順で改善を進めていく場合、つぎの3点に留意することが大事です。

1 コストダウンの目的をはっきりさせる

コストダウンを進めるうえで大切なのは、目的（ねらい）をはっきり認識することです。コストの中の何をなくしたいのか（たとえば材料費）、そしてその対象（材料費）のどのようなロスをなくしたいのか（たとえば各工程で出る歩留りロスや品質不良）、といった目的を最初に明らかにしましょう。

2 改善の優先順位をつける

現場にはいろいろなロスがあります。改善する際には、ロスの大きいほうから改善していくことが大事です。つまり、「改善の優先順位をつける」ことが必要なのです。

3 問題点とは何かを認識する

「改善とは、問題を解決する活動」であり、「**問題の認識**」（いまの仕事の中に問題があると認めること）を正しく行うことが大事です。また、問題を解決（もしくは改善）しようとしたときに、とくに注目すべき箇所（ポイント）を**問題点**として認識していくことが求められます。ちなみに、自分がこうしたいと思うレベルが高ければ高いほど、現状とあるべき姿との差は大きくなるため、問題は大きくなります。そのレベルをどこに置くかは、「**向上意識の強さ**」によって決まります。

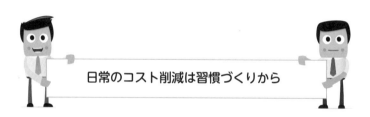

日常のコスト削減は習慣づくりから

現状分析手法を理解する

　現状を定量的に分析するためには、つぎのような手法を身につけ
ておくことが大事です。

タイム スタディ	作業を要素作業単位に分割し、ストップウォッチなどを使用し作業時間を測定し、評価する分析手法	見落としなく仕事内容を把握し、作業時間の定量的把握をする。作業のムダの発見と改善の着眼を得るための第1ステップ
ワーク サンプ リング	人または機械を対象に、稼働状況を統計的に定量化する手法。観測者は定期的に観測対象（人または機械）を観測し、稼働内訳、不稼働内訳を定量的に明確にする手法	ロスを定量化して改善のための対象を絞りこみ、生産性向上の余地をおおまかに把握する。おおよその各作業、機械の状態を把握
工程分析	製造現場において、材料や製品がどのような手順・経路で作られるかを工程でとらえ、決められた記号で表し、現状を明らかにして改善の着想を得る手法	ひとつの品種の分析に用い、ひとつの材料を加工していく工程の流れを明らかにする。工程の種類や順番について問題を見つけ出し、工程の不必要な部分、改善の検討対象を明らかにする
連合作業 分析	複数の作業者や機械が混在する職場で、お互いの干渉によって発生する手待ちや機械停止ロスを把握する手法	人と人、人と機械の仕事の分担を明らかにし、仕事量のアンバランスを明確にする。人の手待ち、設備の不稼働部分を知る。「単独」「連合」「不稼働」の各性質に区分することにより、ロスや改善のねらいを明確にし、生産量増加、要員の削減を行う

ライン作業分析	ライン作業職場における手待ちロスを定量化する手法	各作業者の作業時間を測定し、そのアンバランスにより発生する手待ちを定量的に把握する。手待ちを削減することによって、生産量増加、要員削減を行う
パレート図	内容を分類して、発生状況の大きさの順に並べて柱状にその大きさを示した図をもとに、重要問題の選定に使用する手法	効果的な改善活動をするためにねらいをはっきりさせ、優先順位づけをする

状況を正確に判断
するには、
正しい分析が大切です。

（2）日常業務の注意点

✅ コスト削減は日々の仕事の習慣づくりから

　あらためて現状分析や原因分析、改善案づくりをしなくても、毎日の仕事をきちんとこなすことで、かなりのコスト低減やロスの発生を抑えることができます。つぎのような「生産のルール、基本を守る」ことを徹底してください。

① 仕事をはじめる前の心構え

　毎朝または1日の途中で新しい仕事に着手するときに、つぎのようなことを確認することが大事です。

□ 　いつまで（何日の何時まで）に完了させればよいか
□ 　材料を加工するうえで、とくに気をつける点はないか 　　（例：従来と取り代が変わっていないか、材質や硬度が変わっていないか）
□ 　品質上とくに注意する点はないか 　　（例：図面の公差が変わっていないか、最近の品質不良の傾向をつかんでいるか）
□ 　設備に対して、正常に働くための点検や給油をしているか、最近の設備の調子を確認しているか

　これらはいずれも、計画どおりにものを作り次工程に渡すために、また品質不良の製品を作らないためにも重要なことです。仕事をはじめる前のちょっとした心構えが、仕事の仕上がりを大きく左右します。

② 作業標準を守ろう

　作業標準書とは、所定の時間内で良品を作るための作業の手順や加工条件、品質の確認方法をとり決めたものです。しかし、作業標準書があっても、本当にそれが守られていなければ意味がありません。作業標準がきちんと教育されていなかったり、自分で勝手に手順を変更したり、設備の調子が悪いのを知っていながら、加工条件を変更しているケースがないか点検してください。

③ 場所の使い方のルールを守ろう

　場所の使い方が悪いと、「ものを探すロス」や「運搬のロス」が発生します。毎日仕事をする設備や作業台、材料が置いてある自分の持ち場については、何をどこに置くかを決め、それを守ることが大事です。また、職場の仲間がみんなで使う材料置き場や治工具・測定具の置き場などの共用の場についても、何をどこに置くのかというルールを明確にすることが大事です。

④ 帰りの清掃はきちんとしよう

　ムダをなくすためには、「１日の仕事が終わったら、自分の設備とその周囲の清掃をきちんとすること」が大切です。また、今日使った道具は明日きちんと使えるかどうかを調べたうえで、決められた場所へ保管しておきます。

　ちなみに、朝一番の仕事に対する気持ちは、前日の仕事が終わったときの後始末によって、良くも悪くもなります。１日の仕事のはじまりは、前日の帰りの後始末の良し悪しで決まると心得ましょう。

　具体的には、つぎのような点をチェックすることが大事です。

☐ 切粉や切削油が飛び散ったままになっていないか
☐ 油がもれて床の上にたれていないか
☐ ゴミやホコリが設備に積もっていないか
☐ 部品が床の上に雑然と置かれていないか
☐ 置く場所が決められていて、所定の場所に置かれているか
☐ 道具があちこちに散らばっていないか
☐ 道具が本来の使い方ができる状態になっているか

⑤ 整理・整頓をしよう

　整理・整頓は、生産の基礎であり、生産のルールを守る最低限の条件です。整理・整頓には、つぎの5つのポイントがあります。

☐ いらないものは現場に置かない
☐ 必要なものがすぐに取り出せる場所に置いてある
☐ 所定の場所に取り出しやすい状態で置いてある
☐ どこに置いてあるか、何が置いてあるか表示がある
☐ 整理・整頓のルールを全員が守る

⑥ 自主保全をしよう

　設備は、使い方や手入れのしかたを間違えないことが大事です。毎日の自主保全（作業者自らが主体となって行う保全）をきちんとしましょう。

□ 設備の正しい運転操作

□ 日常保全：設備の清掃と点検、設備の給油、ボルト・ナットのゆるみを締め直す（増し締め）

□ 異常な兆候の早期発見：運転の異常な兆候を早く見つける（音、振動、におい、温度など）

□ 故障状況の確実な内容の把握：故障が発生したときには、どんな条件のもとで設備を使ったかを把握し、保全担当者に伝える

□ 小整備（ちょっとした故障の修理）

□ 定期点検への参画

　つまり、自分の設備を正しく使い、毎日手入れや点検をし、使用中に異常な兆候を発見することが大切です。そうすることで、設備の故障やチョコ停を減らし、また故障を未然に防止したりして設備の能力をフルに発揮させることができます。

第 3 章
品質管理の基本

学習のポイント

　お客さまに良質な製品を提供することは、ものづくりの「基本のき」です。ところが、ときに不良品がお客さまの手元に渡ってしまうことがあります。その結果、これまでの信用は一気に失われ、企業の存亡の危機に直面することがあります。

　第3章では、「品質」の意味を考えるとともに、不良品を発生させないためのポイントを整理しました。

この章の内容

3-1 良い品質って何だろう

1 良い品質の意味を考えよう

✔お客さまの満足を考えることが品質管理

　最近、いたるところに100円ショップができ、日用品のほとんどが安価な価格で購入できるようになっています。また、飲食や旅行などでも格安な商品・サービスが多くなっており、通常の価格で購入・利用すると損をしたような気になることがあります。

　しかし、商品の満足度は、価格だけで決まるわけではありません。値段が安いものでも本当に必要なものを得ることができれば、私たちは満足をおぼえますが、一方で安心・安全を確保するためなら多少高くてもかまわないという人も確実に存在します。「品質」とは、そうした消費者が期待する「効用」と「値段」のバランスの上に成り立っているもので、「品質（効用）」が「値段」を上回ればお客さまは満足を感じますし、下回れば不満を感じるものなのです。したがって、生産現場で働く人は、設定された利益やコストをふまえたうえで、いかに他社よりも優れた品質の商品を作ることができるかが問われることになります。言い換えれば、良い品質の商品を作り、消費者の満足を最大にすることが生産者の使命であり、現場の品質管理もそこにピントを当てて考えていく必要があります。

✅日本企業は品質管理を徹底してきた

　品質は一朝一夕でできるものではありません。品質向上に向けた
たゆまない努力によって構築されていくのが品質です。逆に、不良
な製品をお客さまに提供してしまうと、たとえそれが何万分の1の
確率であっても、企業の信用は一気に下がります。信頼を構築する
のは容易ではありませんが、落ちるときには一気に低下するもので
す。私たちは、ひとつのクレームが企業を存亡の危機に追いやるこ
とを肝に銘じる必要があります。

　もっとも、日本企業の多くは、高い品質で他国の企業との競争に
打ち勝ってきた歴史をもっています。日本の経済活動の基盤となる
会社の品質不具合の発生率は、10万分の1や100万分の1といった
レベルに達しており、生産現場では、徹底した品質管理が行われて
きました。今後も、生産現場で働く一人ひとりが品質向上の歴史を
引き継ぎ、自社製品の長所をさらに伸ばすように意識しながら、働
いていくことが大事です。とくに、中国や韓国、インドなどの新興
国の追い上げが加速している現在、常に改善活動を継続する必要が
あります。

2　生産活動における品質とは何かを理解しよう

✅製品の仕様書とは何か

　「製品の仕様書」とは、原材料や製品、サービスが満たすべき顧
客の要求事項を明確に記した文書のことをいいます。製品には「大
きさや重さ、外観の形状や色、性能や価格」など、顧客からのさま
ざまな要求事項があり、要求事項をモレや間違いのないよう、適切
な製品として作りあげるために必要となるのが仕様書です。

仕様書は、品質管理をする際の基本になるものですが、具体的には、つぎの3つの役割を果たす文書だといえます。

☐　製品が実現すべき品質を書き表したもの
☐　生産に必要な加工精度や品質規格を導くための基本情報
☐　生産者と顧客が、お互いの品質に関する条件を確認し合う資料

よく、新製品を立ち上げる際に、開発現場や製造現場で混乱が発生することがあります。その理由はさまざまですが、製品の仕様書

図表3-1　新製品開発の手順

（手順）	（ポイント）
市場の要求	── 市場に出かけて真の要求をつかむ
▽	
製品の企画書	── 顧客層とセールスポイントの明確化 ── 自社の方針や長所・短所との適合
▽	
製品の仕様書	── 品質、性能、価格などの具体的な条件や値
▽	
設計	── 図面作成、品質や検査規格の作成
▽	
試作・テスト	── 品質、性能のテスト・確認
▽	
生産準備	── 図面の訂正確認
▽	── 治工具、測定機器、機械などの準備
生産	── 品質や検査規格の作成(製品、工程、部品など)
▽	── 外注や購買仕様書の作成
出荷調査	── 技術標準や作業標準の作成(工程別)
▽	── 受入検査規格の作成
販売	── 担当者の教育・訓練

の不備に起因することが多いようです。新製品開発に求められる要求事項を明確に仕様書に反映することで、現場の混乱を抑制する必要があります。

✔️「品質」をとらえるときの３つの視点

「品質」について考えるときには、つぎの３つの視点をもつことが大事です。

1. 品質特性を理解する（真の特性と代用特性を知る）
2. 重要度によって特性を分類する
3. 平均値とバラツキを考える

① 品質特性を理解する（真の特性と代用特性）

顧客の要求事項には、納期や量的な要望などの品質以外の要素も含まれます。品質管理を進める際には、これらの要求の中から、「製品の品質そのものを構成する要素」を抜き出してみる必要があります。この要素を「**品質特性**」といいます。

品質特性は、真の特性と代用特性の２つに分けられます。品質管理を考えるうえで大切なことは、顧客が評価する品質（真の特性）を適切に製品の仕様書に反映することです。しかし、顧客が評価する品質は抽象的な表現でなされることが多く、実際には、測定可能な数値に置き換え、代用特性として管理していくことが大事です。

たとえば、ピクニックで子どもが持参する水筒の品質基準を例に挙げれば、顧客が「持ちやすさ、丈夫さ」を評価する（真の特性）のであれば、「直径 50mm で円形にする」といった、より具体的な数値に置き換えて仕様書を作成することが重要になります。

図表3-2 品質特性

品質特性 製品の品質そのものを構成する要素	**真の特性**	製品やサービスについて、顧客が評価する品質
	(例)ピクニックに行く子どものために水筒を買おうとしている顧客は、実際に子どもが水筒を使う環境で品質を評価する。たとえば、「持ちやすさ、丈夫さ、保湿性」など。	
	代用特性	品質特性を実現するための設計図や規格などの具体的な数値
	(例)真の特性である「持ちやすさ」は数値で表すことが難しいため、子どもの手の大きさに合うように「直径50mmの円形にする」など、測定可能な数値で表したもの。	

② 重要度による特性の分類

　品質特性は、寸法や形状・重量・強度・圧力・駆動性能など製品の種類やタイプに応じてさまざまな項目で構成されます。ただし、すべての項目を同じ条件で満足させることが要求されているわけではありません。重要度を理解して管理していくことが大切で、重要ではない品質特性（軽特性）の検討に、時間や費用を使わないようにしましょう。一般に、重要度はつぎの３つに分類されます。

致命特性（Critical）	安全面をはじめ重大な影響を与える特性
重特性（Major）	実用性等の一定の影響を与える特性
軽特性（Minor）	とくに支障を与えるほどでもない特性

　作業工程では、特性の重要度に応じて、機械精度や治工具の精度、作業者の熟練度などを適切に割り当て、致命的なリスク、重大なリ

スクを招かないように配慮する必要があります。

③ 平均値とバラツキ

　製作した部品や完成品には必ずバラツキが発生します。品質は、平均値とバラツキの問題でとらえることが重要で、平均値とバラツキという両面から品質を把握することが、品質管理の基本です。

図表3-3 平均値とバラツキ

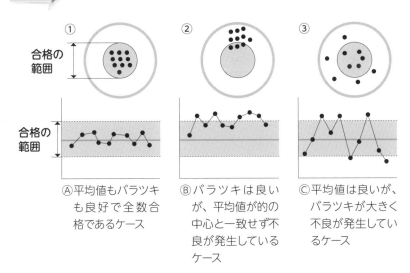

Ⓐ平均値もバラツキも良好で全数合格であるケース

Ⓑバラツキは良いが、平均値が的の中心と一致せず不良が発生しているケース

Ⓒ平均値は良いが、バラツキが大きく不良が発生しているケース

✓ 不良品によるロスを防ごう

　不良品は、つぎに記載したようなロスを生みます。また、実際に不良品を生んでいるのは現場の作業者であり、一人ひとりが品質管理を徹底していく必要があります。

▶材料費のロス　　　　　　▶加工にかかわった人件費のロス

▶動力費など経費のロス　　▶検査費のロス

▶納期遅れによるロス　　　▶再手配や不良処理手続きのロス

▶人や機械の手待ち発生のロス

▶不良品と良品の置き場区分や不良品処理のロス

▶原因調査や検討のロス　　　▶手直し費用のロス

▶2級品など格下げ値引きによるロス

▶クレームによる信用低下のロス

✔品質規格を徹底する

　生産における品質とは、製品の仕様書どおりのものを作りあげることです。まずは、生産現場にたずさわる一人ひとりが、一品たりとも不良品は作らないといった**品質意識**をもつとともに、規格内容を正しく理解することが大事です。

　また、「作業標準の厳守」「品質特性値の測定」「官能検査」などを徹底することが大事です。

1 作業標準の厳守

　作業標準は、要求品質にもとづき、作業方法や作業条件、使用設備、検査方法、作業手順、作業ごとの要領などをまとめたものです。だれが、いつ作業を行っても同じ品質を実現するためには、作業標準を厳守する必要があり、作業方法などを変更した場合は、作業標準を逐次改定していくことが大切です。

2 品質特性値の測定

　品質特性値とは、品質特性（寸法や重量、圧力・強度など）を数値で示したもので、製品の良し悪しや良品かどうかを判断する際に必要となる数値です。生産現場における品質規格は、品質特性値を

反映したもの、寸法なら「50mm ± 0.3mm」などと表記されます。

　現場の作業では、製品規格どおりの良品を作ることが使命であり、できあがった製品の品質特性値を測定して、規格内に入っているかどうかを判断する必要があります。

③ 官能検査と限度見本

　品質特性を測定するためにはさまざまな検査方法がありますが、食品や化粧品など、個人の嗜好により、分析結果は正常域であっても、ごくわずかな味やにおいがぶれてしまうことがあります。**官能検査**とは、このように数値だけでは良品の判定が難しいものを、人間の五官を活用して検査することです。

　たとえば、塗装した表面の外観検査など、定量的な測定が困難な場合は、視覚による検査として、一般的に**限度見本**（良品か不良品かの品質の限度を示した見本）との比較によって官能検査が行われます。

✔品質管理と ISO の国際規格

　ISO9000 ファミリーとは、ISO（国際標準化機構）によって制定された、**品質マネジメントシステム**（**QMS**：Quality Management System）に関する一連の国際規格のことです。製品の設計・製造、検査、据付けおよび付帯サービスまでの一連の工程における品質保証を「品質マネジメントシステム」ととらえ、その適合性を国際的な規格で認証しています。

　ISO9000 ファミリーの認証の取得は、自社の品質保証力に対する国際的な信用を高めることはもちろん、製品の輸出の条件になっている場合があります。ISO9000 の品質マネジメントシステムの規定

は、決して高いレベルの管理水準を要求しているものではありませんが、品質規定において定めたことを確実に守ることが前提です。

　そして、過程を適切に記録として残すことが求められています。

3 品質管理をより深く理解しよう

✔品質管理には広義・狭義2つの意味がある

　品質とは、製品の使用目的を果たすために具備すべき性質のことで、顧客や社会の要求に対する製品・サービスの適合度合いのことだといえます。

　一方、**品質管理**（QC：Quality Control）には広義と狭義の意味があります。**広義の品質管理**は、品質要求を満たすための品質マネジメントの一部として定義され、自社の製品やサービスが品質要求にそって提供され、かつそれを維持するための組織的活動をいいます。

　これに対して**狭義の品質管理**は、定められた品質規格のもと、部品やシステムが決められた要求を満たすように基準や目標を設定し、その達成・遵守状況をチェックし、もし異常があれば修正措置をとることと定義されます。生産現場における品質管理は、一般的に狭義の品質管理をさします。

✔日本における品質管理の歴史

　日本では、1950年代以降、**統計的品質管理**（SQC：Statistical Quality Control）が定着し、デミング博士らによる**PDCAサイクル**や品質管理の基本的な考え方が導入されました。PDCAサイクルとは、52ページで説明したように、生産現場の業務改書などで活用されている手法で、「計画」「実行」「検証」「改善」のプロセスを回し

続けることにより、より業務レベルが向上していくことにつながります。

そして1960年代には、**全社的品質管理**（TQC：Total Quality Control）が提唱され、全社的な品質向上が推進されました。また、日本では、現場の小集団活動（QCサークル）を中心とした「全員参加型」の活動として普及し、1980年代には、日本の国際競争力の源泉として注目されました。

しかし、グローバル化や顧客ニーズの多様化などを背景に、改善活動だけでは顧客ニーズを満たすような成果を生み出しにくい、といった課題が浮上します。1990年代には、顧客の満足する品質を備えた製品・サービスの提供を目的に、経営全体の最適化をめざす**総合的品質管理**（TQM：Total Quality Management）が浸透し、TQCも新たにTQM活動として推進されるようになります。

さらに、ISO9000ファミリーの2000年改定版で、**品質マネジメントシステム**（QMS：Quality Management System）という考え方が浸透します。これにより従来の品質管理を中心とした活動ではなく、顧客満足の実現を目的として、経営者の役割や組織としての資源配分のあり方、製品・サービスの維持改善に向けた企業全体の活動について、マネジメント体制を構築することが求められるようになりました。

図表3-4　管理サイクル図(PDCAサイクル)

改善 (Action)　計画 (Plan)
検証 (Check)　実行 (Do)

計画を達成しようとする意識と責任

図表3-5　デミング博士の唱えた品質管理の基本

調査
サービス
設計
販売
製造

品質を重視する観念、品質に対する責任

✅設計品質と製造品質

　品質には、設計段階で決まる品質（**設計品質**あるいは**等級品質**）と、製造の過程で決まる品質（**製造品質**、または**適合品質**）の2つがあります。前者は、あらかじめどのクラス（等級）の製品を作るかを想定（**等級の選択**）しており、等級の高い品質の商品を作ろうとすれば、自ずと価格も高くなります。

　また、同じ等級の製品グループの中にも、個々の製品によってできばえに差があり、品質にバラツキがあります。これは製造の過程で決まる品質で、消費者は、実際に商品を見て購入するかを判断します（できばえに基づく選択）。

✅品質コストを認識する

　"品質第一"といっても、企業である以上、経済性が問題になるのは当然のことです。**品質コスト**は、図表3-6のような体系で把握することができます。**失敗コスト**とは、製品のクレームが発生した際に発生するコストや、社内工程での不良による損失のことで、**評価コスト**は、品質の試験（テスト）や検査にかかるコスト、**予防コ**

ストは、品質不具合を未然防止するためにかかったコストを意味します。

図表3-6　品質コスト体系

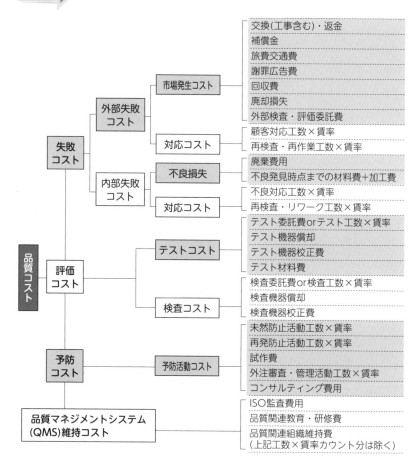

品質管理の３つのポイント

品質を管理するポイントは、つぎの３点です。

| **1.** 品質における日常の維持管理(不良品を作らない) |
| **2.** 品質における不具合品の対処(不良品を混入させない) |
| **3.** 品質のレベルアップ(現状以上の品質をめざす) |

　品質管理のポイントは、日常作業の中で、不良品を作らない努力を重ねることです。とくに不良品が異常に多い日をなくすように行動することで、少しずつ不良品の発生頻度が落ちてきます。そして、不良品の発生頻度が下がったところで不良低減策をとり、不良率を半減するための施策を実施し、不良率についても新たな目標値を設定して、より高度な品質管理に取り組んでいくことが大事です。

✔️品質保証とは何だろう

　品質保証(**QA**: Quality Assurance) とは、品質要求事項を確実に満たすための活動で、品質マネジメントシステムの一部と定義されます。製造業であれば、本社機能をもつ組織が顧客の期待や要求を総合的に把握し、製品やサービスの品質を見直します。そして、新たな品質方針の実現に向けた基準・目標を設定し、各工場にその情報を展開します。工場は提示された基準・目標に対し、工場の特性をふまえたうえで、独自の管理方法を設定するなどの工夫を加え、基準・目標を遵守することが一般的です。

　これら一連の活動の結果として、顧客の期待や要求を満たしていることを確認し、不具合があれば改善を行っていくのが品質保証の取り組みです。

不良品を作らない
ために必要なこと

1 作業の5要素と不良との関係を理解しよう

✔不良とは

　不良とは、設計、製造、輸送段階においてなんらかの不都合が発生し、製品が品質要求事項を満たさないこと（規格はずれや機能不全、動作不全など）をいいます。

　不良は、新製品や新規工程の立ち上げの際に起こりやすいので、製品設計、設備設計、工程管理において不良品を発生させないための良品条件を設定し、生産現場では、良品条件を遵守できるようにルールを整備し、教育・訓練を実施することが大事です。

　一方、**品質の維持管理**とは、現在の品質レベルを低下させないように、日常の管理を行うことで、不良品の発生を防止することが目的だといえるでしょう。不良品が発生する原因はさまざまですが、以下のようなことが原因として指摘できます。

　　▶ついうっかりして寸法を測り間違えた
　　▶材料の取りつけミスをした
　　▶機械の操作ミスによって不良になった
　　▶仕様書を見たが、勘違いをして作った
　　▶測定器の精度を確認しないまま使った

▶治工具の精度が十分でないのに使った

▶不良材料が混ざっていたことに気づかず、誤って使った

▶未熟練のためミスをした

▶作業手順を間違えた

▶機械が故障した

　また、品質の維持管理を行っていくためには、どこに（だれに）責任があるかを明確にしていくことも大事です。たとえば、先の不良原因の中で、機械故障、材料不良は「管理者責任」、治工具の精度不足による不良はそのときの状況や工場の考え方で「管理者責任」にも「作業者責任」にもなります。その他の項目は、「作業者責任」になるケースが多いといえるでしょう。

✅ ５Ｍの日常管理

　第１章（39ページ）で記したように、生産活動には、Ｍを頭文字にもつ５つの要素が存在します。品質の日常管理においても、この５つのＭを管理していくことが重要です。

人（Man）…	直接、品質を作りこむ作業者
機械（Machine）…	治工具、型を含む
材料（Material）…	原材料や前工程からの半加工品や部品
作業方法（Method）…	作業条件や周辺環境条件を含む
測定（Measurement）…	測定方法と測定機器

　"品質は工程で作りこむ"という言葉があります。これは、品質

管理の基本原則ですが、この言葉の意味することを実現するためには、各工程の5つのMを適切に維持管理する必要があります。次節以降で記載する内容を十分に理解したうえで、5Mの管理を徹底してください。

　なお、5Mのうち「測定」は作業方法の中に含まれると考えて、4Mとよぶこともあります。

2 「材料の管理」で注意すべきこと

✔ 購入品や外注品の管理を徹底しよう

　製品の高度化、複雑化、多様化が進むなかで、企業は外部から原材料や部材を購入したり、製品の一部を他社で生産するケースが増えています。購入品および外注品の管理については、管理規程を設定したうえで、購買・外注先の選定基準、監査基準、発注方法、受入検査方法などを定めることが大事です。

　同時に、要求品質の内容や難易度によっては、サンプル検査を行うことが必要でしょう。そして、不合格品があれば、返品あるいは必要に応じて全数検査を実施し、不良品が継続的に発見されるような場合は、外注先に対し、事実やデータに基づき問題点を指摘し、解決を要求することが基本です。

　そして、不良が収まらない場合は、不良品ゼロに向け、品質管理を確実に遂行するようなしくみを構築し、運用することを要請または指導します。

　購入品および外注品の不良になるケースとしては、つぎのようなことが想定されます。

□	受け入れ抜き取り検査に合格した購入品の中に不良品が混入していたため、組み立てた製品が検査不良となった
□	外注品に寸法不良が混入していたため不合格であったが、納期の関係上、特別採用とし、全数から選別して使用した

　こうした事態を招かないためにも十分な検査を行い、不良ゼロをめざしましょう。

✅ 次工程はお客さま

　次工程に良品のみを渡すのは、生産現場に従事する者としての当然の使命です。「次工程はお客さま」という言葉がありますが、次工程に渡す場合は、自主検査または自主チェックを行い、全数良品を達成する必要があります。とくに重要部品や重要工程では、第三者による検査やダブルチェックを行うことも重要ですし、前工程の品質に問題がある場合は、遠慮せずに問題を指摘し、表面化させることで問題解決を図っていくことが重要です。

3 「機械設備の管理」で注意すべきこと

✅ 機械設備の不調って何だろう

　機械設備の不調とは、つぎのようなことを意味します。

□	機械精度が出ない
□	機械故障がときどき発生する
□	機械故障というほどではないが、自動機がチョコチョコと小停止（チョコ停）する

また、機械停止はしていないが、機械精度の低下によって不良品が発生する場合を**機能低下型故障**、故障停止の場合は**機能停止型故障**といいます。両者ともに、機能回復のための修理が必要となります。機械設備の突発故障は、品質不良だけでなく、生産高を低下させ、納期にも影響を与えます。突発故障による修理を少なくし、計画修理を可能にすることも、機械設備の管理の課題です。

PMとは ....

　PMとは、**生産保全**（Productive Maintenance）、または**予防保全**（Preventive Maintenance）を意味します。生産保全とは、トータルな意味での生産性や経済性を高める保全のことで、その中で、**予防保全**とは、故障が起きる前に修理を行う保全のことです。

　予防保全に対して、故障が起きてから修理を行う保全を**事後保全**（BM：Breakdown Maintenance）といいます。

　故障、事故、不良といった問題は、できる限り予防し、事前にくい止めることが望ましいというのがPMの考え方で、**TPM**（Total Productive Maintenance／**"全員参加のPM活動"**）によって効果をあげている会社も少なくありません。

　また、以前は設備保全＝設備課や保全課の仕事とされてきましたが、現在では日常保全は作業者が自主的に行うものであるという考え方が普及しています。

　日常保全を**自主保全**ともよびます。

✔ **「設備保全」のポイント**

　設備保全とは、機械設備の性能を維持するための活動のことで、つぎのようなことが想定されます。

☐　劣化を防止するための日常保全
☐　劣化を測定するための測定・検査
☐　劣化を回復するための修理

　劣化とは、働きが悪くなることです。精度が出ない、仕様どおりのスピードを出すと重心がずれる、故障して停止するといったような事象をさします。劣化を防止するための日常保全は、作業者がなすべき大切な仕事です。

✅「日常保全」を欠かさないようにしよう

　私たちは定期健康診断や治療によって健康を維持管理しています。生産現場の機械設備も日常的な保全が欠かせません。具体的には、つぎのような保全を行っていくことが重要です。

手順書

丁寧に扱う
◉決められたとおりの正しい操作を行う

よく清掃をする
◉機械や電気機器は、ゴミ、ホコリ、ヨゴレなどを嫌うため、きれいに
　清掃する

正しく給油する
◉決められた油を適時、適量、給油する

増し締めをする
◉ボルト・ナットは機械の振動でゆるむため、点検して増し締めをする

> **劣化したまま使わない**
>
> ⦿漏れ、異音、発熱、破損、変形、部品の不足など、異常のまま使わ
> ないで早期に上司・担当部署に連絡する。簡単な部品の取り替えは
> 自分で行う

4 品質を左右するのは「人」

✔一人ひとりが品質を管理する

　各工程の５Ｍを管理し、より良い生産を行うのは、作業者一人ひ
とりの責任です。材料の良否判定や、それを加工し、価値を高める
のは作業者ですし、機械を運転するのが作業者であれば日常保全を
行うのも作業者です。また、作業を実行し、不良品にならないように、
調節などのアクションを取ったり、測定して良品と不良品を判定す
るのも、作業者の大事な仕事だといえるでしょう。

　その意味では、作業者一人ひとりの責任を明確にすることも、不
良防止の重要なポイントです。

　たとえば、不良が続発しているような職場であれば、組立作業者
の個人別の不良データを作成することも必要でしょう。もちろん、
個人別の不良データ作成＝犯人探しになるのは好ましくありませ
ん。しかし、不良をなくすためという目的を共有できれば、だれも
が納得して協力してくれます。問題が明らかになったら、それを"ひ
と"の問題にすりかえたりせず、あくまでも"こと"の問題として、
作業の重要性や方法、不良の判定方法などについての再教育、作業
分担の見直しを行っていくことが重要です。

不良防止のポイント

☐ 簡単な作業内容でもその必要性や方法について十分に知り、作業方法の訓練を十分に行う必要がある
☐ 一人ひとりの品質意識や責任意識を高める必要がある
☐ 作業者一人ひとりが自分の作業結果に自信をもつ必要がある
☐ 作業分担や品質責任を明確にする
☐ 作業の結果が数字でわかるようにする

✔ 作業者が守るべき4条件

　私たちが不良品を作らないためには、つぎの4条件を満たしている必要があります。

1. 品質標準（規格）や作業標準を理解している
2. 行った作業の品質の結果を知っている
3. 作業方法の変更や機械の調整ができる改善力、技術力がある
4. 良品を作ろうという強い品質意識をもっている

① 品質標準（規格）や作業標準を理解している

　規格については、その基準値（上限／下限）を理解していることが大切です。場合によっては、初品チェックを行い、作業長に確認をとりましょう。自信のないまま作業を開始するのは危険です。

② 行った作業の品質の結果を知っている

　品質の結果・測定値を、精度の維持された測定機器や検査用具で正しく測定することが大事です。また、測定値と規格限度の差を確

認し、このままだといつ規格外になるかを予測します。

③ 作業方法の変更や機械の調整ができる改善力、技術力がある

　品質を測定した結果によって、機械の精度を確認したり運転条件を修正することが求められます。作業者は自ら調整できる技術（腕前）を身につけておく必要があります。

④ 良品を作ろうという強い品質意識をもっている

　うっかりミスや間違いを見逃さない注意力、不良品は作らないという意識を強くもって仕事に臨むことが大切です。

5 作業方法を標準化することの意味

✔ 標準化はなぜ必要か

　同じ作業であるにもかかわらず、人によって作業のやり方が違えば、その結果である品質にバラツキが発生します。とくに、同一作業を多人数で行っている場合は、作業方法を標準化し、作業標準書を作ってそれを守るようにする必要があります。

　作業標準書は、作業者が右利きか左利きか、あるいは、機械の微妙なくせなどに着目し、そのうえで作業のやり方やコツを明確にしていくことが大事です。ただし、成文化された標準の中には、暫定標準という場合もあり、問題があれば改善を提案し、良いものに変えていく姿勢も大切です。

図表3-7 品質に関する標準

分類	加工・組立工場	装置工場	関連標準
①最終品質標準	製品規格 図面	製品規格	品質目標 品質水準 製品検査規格
②工程品質標準	材料規格 工作図	原材料規格 工程品質標準	購入仕様書 外注仕様書 受入検査規格 工程検査規格
③技術標準 　(製造標準)	加工条件標準 加工基準 切削標準 調節標準	原料配合標準 作業条件標準 調節標準	測定標準 機械設備・ 　治工具標準
④作業標準	操作標準 動作標準	操作標準 動作標準	標準時間 標準作業

(注)加工・組立工場とは自動車、家電工場など、装置工場とは鉄鋼、セメント、
　　食品工場などのこと

6 「測定の管理」を徹底しよう

✔ 測定方法を知る

　良品・不良品の判定は、測定によって行います。測定は、つぎの
3つの方法で行います。

1. 測定機器を使う（ノギス、マイクロメータ、スケール、硬度計、自動測定機、自動検査機など）

測定機器を使用した測定値は、一般的に数字で表されます。他の測定方法と比べて正確で、作業工程の情報をより多く把握することができます。

2. ゲージを使う（はさみゲージ、スキマゲージなど特定の形状や寸法に合わせた判定器など）

ゲージを使う方法は、簡単に良・不良の判定ができます。ただし、測定機器の進歩にともなって、ゲージ類の使用は少なくなりました。

3. 人間の官能（目、耳、鼻、舌、皮膚）を使う：視覚、聴覚、嗅覚、味覚、触覚で測定する

官能による測定方法は、定量的な測定が困難な場合に、やむを得ず人間の五官に頼るものです。官能検査は、定量的な測定とはいえませんが、測定することで品質向上につながります。

　なお、使用する測定機器やゲージの精度はすべて正確でなければなりません。つぎの点に注意してください。

▶定められている取扱い方法を守る

▶丁寧に扱う

▶常に清掃してきれいにしておく

▶異常を感じたら使用を中止して、すぐに連絡する

不良品を混入させない ためにやるべきこと

1 許されない不良品の混入

0.001% の不良でも購入者には 100% の不良

工場出荷時には、100,000 台のうち 1 台、つまり、0.001% の不良品の混入でも、購入者にとっては 100% の不良です。不良の商品を買わされた購入者は怒りを販売店に、販売店はそのクレームをメーカーへのクレームと転換します。製品を作る際には、1 台たりとも不良品は出荷してはならないという意識を徹底することが必要です。作る側からすればたまたまの不良でも、顧客にとっては 100% の不良であると考えることが重要です。

工場内の工程間でも、同様のことがいえます。前工程から不良品が混入することで、機械は故障を起こすかもしれません。また、組み付けた部品が不良品なら、取り替えが必要です。「次工程はお客さま」、不良品を混入したまま次工程に流してはいけないことを肝に銘じるべきです。

2 混入防止に必要な品質意識を高めよう

個人・組織の品質意識を高めよう

作業の途中で不良品が発生し、その不良品をうっかりして良品箱

のほうに入れてしまった場合、あなたならどうするでしょうか。

- ☐　混入したまま作業を続ける
- ☐　すぐに機械を止め、不良品を探し出して除去する
- ☐　不良品の混入した良品箱を横に置いて区別し、あとで不良品を探す

　不良品を混入したまま作業を続けるのは、絶対避けなければなりません。なぜならば、作業完了後に全数選別をして不良品を探し出すのは困難だからです。機械が止められる状況であれば機械を止めて不良品を除去する、あるいはできるだけ混入した直後に、製品の少ない良品箱から探し出すことが大事です。

　不良品が混入した際、その事実を知っているのは、うっかり良品箱に入れてしまった作業者自身です。製品を作っている、つまり、品質を作りこんでいるメンバー全員が、1個たりとも不良品を混入させてはならない、という強い品質意識をもち、正直に正しい処置を取ることが大切です。

　また、不良品の混入については自負と責任をもって処置する風土づくりも必要です。不良品の混入に関する経験をメンバー全員に説明して、問題を表面化し、二度と同じような問題が起こらないように、メンバー全員で知恵を出し合うことが大切です。

■■ 処置のしかたについて話し合うテーマ例

- ▶製品を床に落としたとき
- ▶床にビスが落ちていたとき
- ▶自動機で加工品の不良を発見したとき

▶段取り調整中の不良品を区別する場合

▶修理品や保留品を誤って梱包した場合（この場合の処置を誤ると、必ずクレームになる）

▶ちょっとおかしいとか、もしかしたら不良かもしれないといった疑わしい場合

3 混入防止に必要な自主チェック

✔ 全数チェックはなぜ必要か

確実に全数が良品だと言いきるためには、なんらかの方法によって全数チェックを行う必要があります。全数チェックは、検査結果が不合格になり、作業が完了してから全数選別を行うケースとは異なり、自主的に自工程で品質をチェックする（＝自主チェック）ことをいいます。ただし、1個ずつ時間をかけて全数チェックしていたのでは、コストが高くなるので注意が必要です。

■■ 全数チェックの方法

▶重要な品質特性は、別の作業者による再チェックで徹底する

▶ポカヨケを設置する。たとえば、作業ミスや加工忘れがあれば、次工程で加工できないようなしくみを工夫する

▶加工または組立時に検査意識をもって作業を行い、おかしいと感じたら必ずチェック、または区別してあとで再チェックする

✔ 作業工程での品質保証は容易ではない

最終工程の出荷検査や運転試験で、不良を発見することはたいへん困難です。そのため、作業工程の管理においてあらゆる手段を駆

一般社団法人人材開発協会 編

日本能率⋯
マネジメント⋯
中央区日本橋2⋯
TEL 03(6362)⋯

生産⋯
選⋯マイスターベーシック級公式テキスト
改訂2版

ISBN978-4-8005-9089-3 C3034 ¥1600E

定価(10%税込)
1,760円
(本体1,600円)

使し、不良混入を防止する必要があります。

　致命的なクレームは、社運に影響をおよぼします。作業工程の担当者は、自工程の中で品質を保証しなければなりません。つまり、自分自身が"品質を工程で作りこむ"ことにより、結果に対して責任をもつ必要があるということです。

4　混入防止に必要な検査について考えてみよう

✔ 検査にはどんな種類がある？

　良品を作るためには、検査に関する知識をもつことが大切です。

■■ 検査タイミングによる分類

- ▶受入検査：搬入時の購入者による検査
- ▶工程内検査：製造時の品質検査
- ▶製品検査（出荷検査）：出荷の可否判定を目的とした出荷前の品質検査

■■ 検査対象の個数による分類

- ▶全数検査
- ▶抜取り検査

■■ 検査する人による分類

- ▶自主チェック
- ▶検査員による検査
- ▶第三者によるチェック

PL法の基礎知識 ···

　1994年、日本でもPL法（製造物責任法）が制定されました。この法律では、製造物の欠陥により、製品の事故などで第三者に損害を与えた場合、その被害者に対して損害を賠償する責任を規定しています。また、同法が制定されて以降、製品の欠陥と被害との因果関係を証明するだけで、製造者の責任を問えるようになったため、製造業にたずさわる人は、製品の品質と安全性には特別の注意を払う必要があります。

3-4 不良低減の進め方

1 不良低減のねらいと進め方

✅不良低減のねらい

不良品が減少すれば、材料費や加工費を低減できますし、検査や選別の工数を減らすことができます。また、不良による納期遅れも、不良のための予備品をもつ必要性もなくなります。

不良減少を考える際には、お金をかける案とお金をかけないですむ案の両面から考えることが大切です。たとえば、不良低減のために品質を一定に維持するのであれば、人間の手による確認から自動制御装置を導入して品質の一定化を図る方法に変更することが考えられます。しかし、お金をかけないでできる低減策があれば、それを検討してみることも大事です。

✅現場中心とスタッフ中心の進め方

作業者やグループリーダー、作業長などが集まり、不良低減を進めるのが**改善活動**です。現場中心の改善活動には、**QC サークル活動**など、全員参加で進める**小集団活動**とよばれているものがあります。小集団活動は、日本独特の改善の進め方ですが、その効果も大きく世界的によく知られるようになりました。

また、スタッフ中心の改善活動にはつぎのようなものがあります。

☐	新製品の生産準備段階における品質や原価の検討・対策
☐	新規機械設備の導入による品質や原価の改善
☐	品質規格や検査規定の作成と改定
☐	各種提案事項の具体化や確認
☐	革新的な製造方法や自動化の推進

✔不良低減の手順

不良低減を進めるためのステップをまとめると、つぎのようになります。

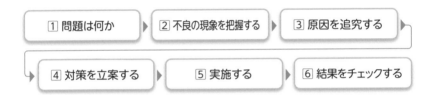

1 問題は何か　　2 不良の現象を把握する　　3 原因を追究する
4 対策を立案する　　5 実施する　　6 結果をチェックする

1 問題は何か

「問題」とは、あるべき姿と現在の姿との差です。生産現場ではつぎのような問題が発生しがちです。

☐	不良が発生し、良品に混入した
☐	うっかりミスで、手直しが必要になった
☐	全数選別がいつも必要で、つまらないと思いつつ作業している
☐	調整に手間がかかってしかたがない
☐	現在の作業方法は、不良にしないための注意点が多すぎる

不良低減を図るには、毎日の生産活動の中から、「しまった」と

いう不注意や「効率が悪くてつまらない」といったことなどを問題として認識し、表面に出すことが出発点です。

② 不良の現象を把握する／不良現象分析

第2のステップは、現状把握あるいは事実の収集です。不良問題であれば、不良品そのものをよく見ることが大事です。

たとえば、塗装不良が発生した場合、不良の現品をよく見て、どのような位置に発生したか、どのような形状の不良か、大きさはどうかなど、できる限り詳細に記録します。こうすることで、原因をある程度推定できます。その際、つぎの3点に注意してください。

☐ できる限り、白紙の素直な気持ちで不良品をよく見ること

☐ 不良発生の瞬間をキャッチしようとすること

☐ できるだけ定量的に把握する努力をすること

③ 原因を追究する

「なぜそうなったのか」を繰り返し追究し、根本的な原因にたどりつくことが大事です。また、原因はより具体的であることが重要で、具体的になれば対策案も自然に出るようになります。

なぜ寸法不良になったか	➡機械精度が良くないから
なぜ機械精度が良くないか	➡油圧機構の作動が不完全だったから
なぜ油圧機構の作動が不完全か	➡作動油が劣化しているから

なぜ作動油が劣化したまま使用したのか	➡作動油の劣化に関する知識がなかったから

図表3-8 原因の追究

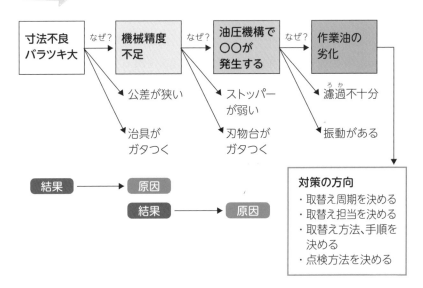

4 対策を立案する

5 実施する

6 結果をチェックする

　不良ゼロの目標に近づけるためには、どのような小さな対策でも良い方向に向かうなら実行することが大切です。小さな改善を積み上げ、一歩ずつ前進することによって、「不良減少の目標＝不良ゼロ」に近づけることができます。

　また、対策が有効なものであったか、結果

をチェックすることも重要で、PDCA サイクルを回し続けていくことで、不良低減を図ることができます。

2 小集団活動に参加しよう

✔ 小集団活動の良さ

多くの企業で、**QC サークル**や **ZD サークル**といった名称の小集団活動が行われています（52 ページ参照）。小集団活動で決定したことは、自ら主体的に決めたことであるため、守ろうとする意識が働きます。また、新しいことに反対するような雰囲気がなくなり、いろいろなことに取り組もうとする優れた企業体質になります。その結果、個人の成長を図ることができるほか、「明るく楽しい職場」「みんなで考え、みんなで実行する職場」「やる気が満ちた職場」にもつながります。小集団活動は相互啓発と自己啓発にとって絶好の場です。

その他、小集団活動にはつぎのような 3 つのメリットがあります。

---

1 3人よれば文殊の知恵

ものの見方や考え方、発想のしかたが異なるメンバーが協働で活動することで、さまざまな知恵を共有できます。

---

2 3本の矢

1 本の矢は弱くても 3 本の矢を束ねると強くなります。生産活動も、一人ひとりバラバラでは生産能率は低迷しますが、相互に助け合うことで効果は上がります。

> ### ③ 仲間意識
> 人はだれでも、仲間に入りたい、仲間に理解されたい、仲間のため
> に働きたい、仲間に認められたいといった気持ちがあります。小集
> 団活動は、仲間意識を醸成し、働きがいを与えてくれます。

✔️ 小集団活動への参加のしかた

小集団活動に参加する際は、つぎの点に留意することが大事です。

☐ ミーティングには必ず出席する
☐ みんなが気楽に、なごやかに話し合えるような雰囲気づくりに協力する
☐ ミーティングでは必ず発言し、参加者全員が発言できるように配慮する
☐ 他のメンバーの発言中にはよく聞き、わからなかった点は素直な気持ちで質問するようにする
☐ リーダーの意図をよくくみとり、運営を助けるように気くばりをする
☐ 決まったことは、気持ちよく守るようにする
☐ 割り当てられた分担事項は、必ずやりとげるように努力する
☐ 次回のミーティングを効率良くするために、事前準備をする

3 不良低減のための統計的手法を知ろう

✔️ 統計的手法は図表化の技術

統計的手法は図表化の技術であり、表やグラフを活用することで

物事が明確になります。なお、統計的手法を学ぶ際には、基本的な知識を身につけておくことが必要です。たとえば、「**母集団**」とは情報を得たいと考えている対象全体のことで、母集団に含まれるすべての要素を調査する場合を「**全数調査**」といいます。一方、コストや時間などの理由で全数調査が難しい場合は、「**サンプル調査**」を行います。

　以下、統計的手法で用いられることの多い手法・知識をまとめてみました。

① グラフ

　図表はわかりやすさが大事です。たとえば、図表3-9と図表3-10のグラフを見たとき、どちらが理解しやすいでしょうか。図表3-9より図表3-10のグラフのほうが、「No.13で断層ができている（刃具調整か）」「No.1からNo.12まで漸増（だんだんと増える）傾向がある」「No.13からNo.22までにも漸増傾向にあるが、No.1 〜 No.12のグループに比べてバラツキが少ない」ことがわかります。

　なお、グラフは、縦軸・横軸の目盛りをどの程度に設定するかで印象が変わるので注意が必要です。

図表3-9　寸法の測定値

No.	測定値	No.	測定値	No.	測定値	No.	測定値	No.	測定値
1	10.0	6	10.0	11	15.0	16	11.5	21	15.0
2	12.5	7	11.5	12	16.5	17	11.0	22	12.5
3	10.5	8	15.0	13	11.5	18	13.0		
4	13.5	9	14.5	14	10.0	19	11.0		
5	12.5	10	11.5	14	12.0	20	12.0		

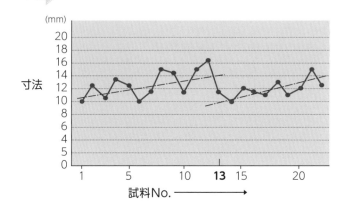

図表3-10 測定値のグラフ化

② ヒストグラム（度数分布図）

　ヒストグラムとは、採取したデータをひとつの集団としてとらえ、それらのバラツキを「級」という幅ごとに検討したり、規格から逸脱しているデータの割合を把握したり、他の母集団のデータが混在していないかなどを判断して、その原因を分析するものです。

　たとえば、ある会社の従業員1,000人の体重傾向を知りたい場合は、1,000人の中から50名を無作為（ランダム）に選び出し、図表3-11のように書き出します。そして、「級の幅」をつぎのように求めます。

図表3-11 ヒストグラムの級の幅の求め方

| 80 **40** 71 58 60 50 48 52 66 61 |
| 65 61 62 52 71 61 **85** 54 53 62 |
| 64 57 58 71 62 44 62 61 57 49 |
| 67 50 61 56 63 75 61 70 64 64 |
| 72 45 68 58 61 58 59 69 60 59 |

（最大:85、最小:40）

データの数(N)		適当な級の数(K)
50〜100	……	6〜10
100〜250	……	8〜12
250以上	……	10〜20

$$級の幅 = \frac{最大値ー最小値}{K}$$

　最大値が85、最小値が40なので、最大値（85）－最小値（40）＝45となります。つぎに、級の数（K）の値を決めます。今回は50個のデータを集めたので、データの数（N）が50〜100の部分に対応した、適当な級の数（K）を参照します。つまり、6〜10の中から適当な数を選びます（6〜10であればいくつでもかまいません）。仮に、今回はKを9と決めて計算すると、級の幅は45/9＝5となり、5kgずつ区切ってデータを整理していくことになります。

　つぎに、各級の中に入るデータを数えて、線を記入したものが、図表3-12の**度数分布表**です（斜めの線はデータ1件を表します）。これをもとに横軸に体重、縦軸に人数をとり、グラフで表せば、図表3-12の右図のような**ヒストグラム（度数分布図）**になります。

　なお、このデータは男女の体重が混ざり合っていますが、層別すれば男女間の情報は、よりはっきりとします。**層別**とは、材料別、機械別、作業者別、男女別など、分けられるものは分けてみることを意味しています。

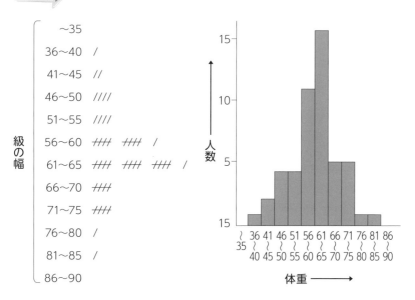

図表3-12 ヒストグラム（度数分布図）

級の幅		
～35		
36～40	/	
41～45	//	
46～50	////	
51～55	////	
56～60	/// /// /	
61～65	/// /// /// /	
66～70	///	
71～75	///	
76～80	/	
81～85	/	
86～90		

③ 散布図

　散布図は、対になった2組のデータをもとに、X軸の要素とY軸の要素に規則性があるかないかを発見する方法です。この規則性を「**相関**」といいます。

　X軸の値が増えるとY軸の値も増える場合、つまりデータ群が右上がりに分布する場合、その規則性を「**正の相関**」といいます（図表3-13①、②）。逆に、右下がりに分布する傾向であれば、「**負の相関**」があるといいます（図表3-13③、④）。このように、2組のデータの相関関係の有無を確認後、散布図上の点の中で、とくに離れている点がないかを確認し、原材料や作業者、作業方法などの作業条件の変更、測定の誤りといった原因を明らかにするのが散布図です。

図表3-13 散布図上の点の散らばり方

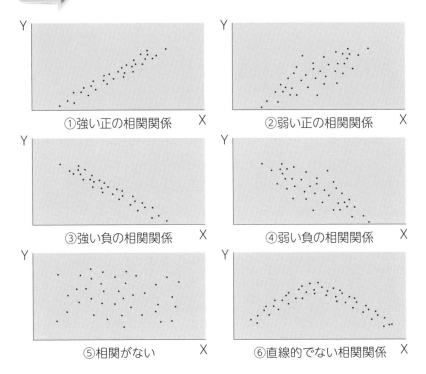

①強い正の相関関係　②弱い正の相関関係　③強い負の相関関係　④弱い負の相関関係　⑤相関がない　⑥直線的でない相関関係

4 チェックシート

　チェックシートは、記録用紙への簡単なチェックのみで、必要なデータを収集・整理するものです。また、ヌケ・モレなく不良項目を確認でき、発生傾向もつかむことができます。チェックシートの項目は、チェックの目的に応じて設計します。

プリント回路板アセンブリ不適合チェックシート

時刻＼不良	18日			19日			20日			～
	～13	～15	～	～13	～15	～	～13	～15	～	～
倒れ	/	//	/		卌//	//		/	/	
未挿入	/	/		/	///	/	//	//	/	/
反挿し	/	//	/	//	///			卌//	//	
浮き		///	//	/	////	//		//	/	
合計	3	8	4	4	17	6	2	12	5	2
	15			27			19			

5 パレート図

　図表3-15の左図は、最近1ヵ月間の鋳造部品の不良品について、不良現象別に分類整理したデータです。データは多い順に並べ、それぞれの割合（％）と、割合の累計（％）を計算しています。このデータを図表化したのが、図表3-15右図のパレート図です。

　このパレート図から、へこみ不良が全体の76％を占めており、不良対策の最重要点はへこみにあることがわかります。しかし、不良率が"ppm時代"（ppmは100万分の1）といわれている高品質工場では、パレート図によって重要な項目に絞りこむだけでなく、1個の不良でもその発生に対して確実に対策を打つことが必要です。

図表3-15 鋳造部品の不良品のパレート図

	不良個数	割合(%)	累計(%)
へこみ不良	109	76	76
巣不良	17	12	88
砂かみ	8	5	93
肌荒れ	6	4	97
その他	4	3	100
合計	144	100	100

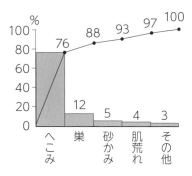

6 特性要因図

　特性要因図とは、結果とそれに影響を与える要因を、魚の骨のように整理した図です。この特性要因図は定性的な分析ではありますが、グループ全員が参加し、発言したり、全員の考え方の統一を図るのに効果的です（図表3-16）。

図表3-16 異物混入の特性要因図

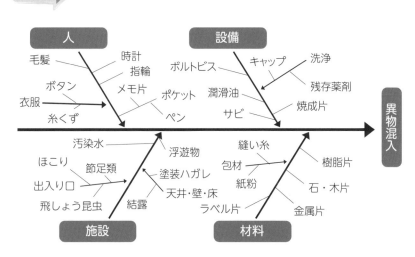

7 管理図

　管理図は、工程の管理状態を把握し、適切な対応措置をとることを目的とした手法です。図表 3-17 のように、ある工程の中で偶然に発生したバラツキか、あるいは異常原因（通常はめったに起こらないような原因）により発生したバラツキかを判定するために活用します。とくに、異常原因により発生したバラツキは、別名「**見逃せないバラツキ**」ともいい、管理状態からはずれたことを意味しますので、早急に対策をとる必要があります。

　図表 3-18 のように、一般的に管理線のうち**中心線を CL**（Central Line）、**上部管理限界を UCL**（Upper Control Limit）、**下部管理限界を LCL**（Lower Control Limit）といいます。

　この上下の限界線の中でデータが推移していれば、データのバラツキは偶然に発生したものと解釈し、工程は管理された状態にあると判断します。図表 3-18 のように、下降傾向にあるときは、今後LCL を超える可能性を示しており、早急に手を打つ必要があります。

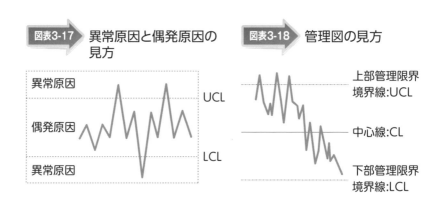

図表3-17　異常原因と偶発原因の見方

図表3-18　管理図の見方

第 4 章
職場の納期管理と安全管理

学習のポイント

どんなに優れた製品も、指定された納期を守れてはじめて商品としての価値が生まれます。

第4章では、納期管理の重要性を整理するとともに、納期を守るために必要なことを考えてみます。

また、生産現場では、さまざまな危険が存在することから、安全管理の重要性と作業の安全を確保するために必要な要件についても整理しています。

この章の内容

納期を意識しよう

1 納期管理は計画段階からはじまっている

✔目的、費用、時間などを決めるからこそ行動できる

　仕事に限らず、私たちは何かを計画し、その計画にもとづいて行動します。旅行であれば、参加メンバーのニーズをふまえながら、旅行する場所や時期、費用などを設定し、必要に応じて旅行ガイドなどの資料を活用しながら詳細を詰めていきます。

　計画を立案するときに重要なのは、正しい情報にもとづいて、正しく計画することです。時刻表や旅行ガイドに記載されている情報に誤りがあり、それにもとづいて計画を立ててしまったら、その旅行はトラブルだらけの旅行になってしまうでしょう。メンバーは不満をもらし、楽しい思い出をつくるはずだった旅行が気まずい思い出しか残らないものになってしまいます。

　工場で計画を立てるときも同様です。工場には、「**計画標準資料**」とよばれるものがあり、それをもとに多くの作業が進行します。たとえば、計画標準資料のひとつに、その製品がどのような原材料・部品で構成されているかを表す「**図面**」と「**部品構成表**」があります。また、その部品はどのような工程で作られるのか、その作業時間はどれくらいかかるのか、原価はいくらになるかなどを整理した「**部品工程情報**」という資料も存在します。

旅行の計画が、参加するメンバーの希望を満足することを重視するように、職場でも、お客さまの要求納期を満足するために、計画標準資料を使って、納期や作業時間、原価を策定します。つまり、**計画の役割は、お客さまがほしいと思うときにタイミングよく製品をお届けすること**、お客さまと工場を結ぶ"かなめ"としての役割を果たすことなのです。

✔ お客さまの要求納期をもとに計画を立てる

　計画は、まずお客さまの需要を予測し、受注することからはじまります。そのうえで、お客さまの需要や納期を満足させるための製品納期（組立）と数量を確定します。つぎに、その製品を構成する部品の種類とその数量（所要量）を計算し、組立のタイミングに部品が集まるように、部品を加工する各工程の納期を設定します。また、部品加工に必要な原材料は、部品加工工程の前に調達日程を計画します。

　なお、納期を守るために大切なのは、お客さまの要求する納期から逆算して、各工程の「納期」を計画することです。何時（日）までに材料を用意すべきか、決めておきます。また、製品組立納期を前提に各部品の加工工程のとおり計画を立てたら、それをみんなで守るために全力を注ぐことが大切です。

2 納期を守るために必要なこと

✔ 正しい計画をつくるには、正しい時刻表が必要

　日本の鉄道や航空会社は、時刻に正確なことで有名です。時刻が正確に守られているのは、鉄道会社や航空会社で働いている人が、

旅行者が要求する「納期」を守るために、保守をしっかり行い、計画どおりに運行するために注力しているからです。

　しかし、どんなに納期を守ろうと努力をしても、古い時刻表をもとに作業をしていては、お客さまが要求する納期を守ることはできません。工場でも同じです。「正しい時刻表」にあたる「**正しい計画標準**」をもとに、正しい**計画標準資料**を作ることが大事です。それも使い勝手の良いように製品別、工程別に整理し、だれもが容易に活用できる環境を整えることが必要です。

✅作業の順番を決めておくことが大切

　計画する際には、何をどの順番でやるかを決めておくことが重要です。

　たとえば、料理を作るときも、手際の良い人とそうでない人とではずいぶんと作業効率に差異が生じます。カレーライスを作るのであれば、最初に、もっとも時間のかかる炊飯の準備を行い、つぎに野菜の皮むき、乱切りをし、野菜と肉を炒め、煮込みに入ります。煮込んでいる間は人手を必要としないため、テーブルを用意して食器の準備などをします。そして、最後にカレールウを入れ、ときどきこげないようにかきまぜ、とろりとするまで煮込んでいくといった段取りを考えると効率的です。

✅複数の作業を同時に行う方法を考える

　図表4-1は、カレーライスと、野菜サラダ、ワカメスープの3つの料理を1人で作るときの調理作業計画をまとめたものです。1人で作業をするため、カレーの具を切る作業とサラダを作る作業を同時に行うことはできません。そこで、どちらを先に行うべきかを決

めなければならないわけですが、そのときに重要になるのが、それぞれの調理の中で手待ち時間が発生していないかということです。

　図表を見ればすぐにわかると思いますが、カレーを煮込む時間は人手がかからない、完全な手待ち時間です。したがって、先にカレーを作る作業を優先し、カレーの煮込み時間を利用して野菜サラダとスープを作るのが効率的であることがわかります。

　このように、複数の作業を同時に行うときには、一方の作業の合間にできるものはないかを探し、手待ち時間の間に短時間ですむ作業を組み入れると、作業効率がアップすることがわかります。

図表4-1 調理作業計画

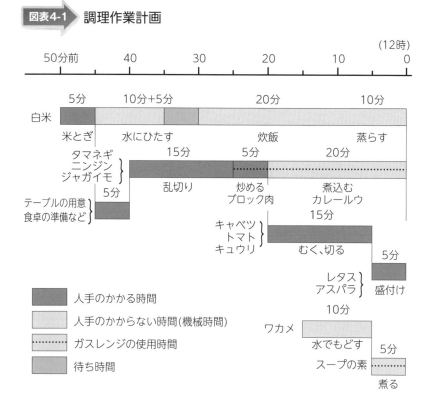

✅分業の場合は職能別に計画を整理し直す

調理はいつも1人でやるわけではありません。レストランは調理の専門工場で、野菜の皮をむいて切る人、炒めたり焼いたりする人、盛りつけをする人などに分かれて仕事をしています。私たちの職場の仕事も同様で、工程別に専門化された加工や部品を担当し、それらが組立職場に集約されて製品になります。

このような場合は、料理の種類ごとに作った計画（製品別計画）を、担当者や調理の工程、あるいは、調理器具（設備）ごとに整理し、**職場別（機能別）計画**として展開していくことが重要です。

✅設備を効率的に使うこともポイント

前ページ図表4-1の調理作業計画を見ると、Aさんの作業に手待ちはありません。しかし、ガスレンジの使用時間は、カレーを煮込み、ワカメスープを煮るところで5分間重なっているだけで、せっかく2台あるガスレンジを有効に活用できているとはいえません。

これが工場であれば、高価な機械を遊ばせているのと同じであり、機械の稼働率の低下は、製品のコストの上昇に直結します。

計画的に作業を遂行するのであれば、人の手待ち時間をなくすとともに、機械や設備を遊ばせないように計画することが求められます。たとえば、図表4-2のように、ワカメスープを作る時間を前にずらして、ガスレンジの使用が重ならないようにすれば、ガスレンジは1台ですみます。

✅作業計画は現場の全員が守るべき時刻表

12時にカレーライス・野菜サラダ・ワカメスープを食べるには、図表4-2に記載した調理手順と時刻どおりに実行することが大切で

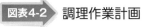

図表4-2 調理作業計画

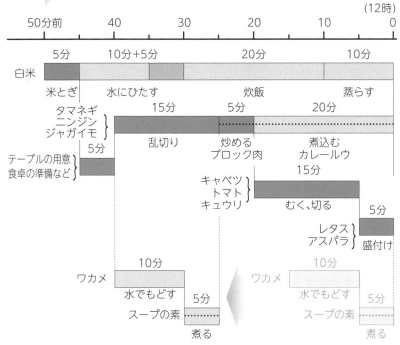

す。もし、どこかの工程に狂いが生じると、計画は破綻してしまいます。

　とくに生産現場では、切断する人、旋盤で削る人、ボール盤で穴をあける人などに分かれて業務を進めています。1つの部品・製品を作るにも、協力し合わなければできません（これを「**分業による協業**」といいます）。分業による協業を進めるためには、製造現場が合理的に回るように策定された**生産計画**や**作業計画**を遵守することが大切で、自分だけの判断で、決められた作業の日程や順番を変更するようなことは絶対に避けなければなりません。

4-2 作業計画を作り、納期を守ろう

1 作業計画に必要なこと

✔作業計画はこうして作られる

注文書や電話、メールなどでお客さまからの「注文」が伝えられると、生産管理を担当する部門は、製品ごとの時期別生産量を計算します。「カレーライス、野菜サラダ、ワカメスープ、各4人前」なら、そのための生産計画を立てるわけです。

まず、「計画標準資料」からその製品の資料を抜き出し、生産計画量に必要な材料・部品の所要量を計算します。同時に、完成時期（日）を「納期」に合わせ、製品別の標準日程計画を作ります。以上の2つの作業を合わせたものが「**製品別計画**」で、作業計画の大もとになります。

ただし、この段階では、製品を作る人や、機械設備の「仕事の順序」や「重なり」は考慮されていません。したがって、それらを調整した「**職場別計画（機能別計画）**」に落としこむ必要があります。

つまり「仕事の順序」と「重なり」を調整した職場別計画に展開したうえで、再度、製品別計画に反映することで、計画は最終的に確定するのです。

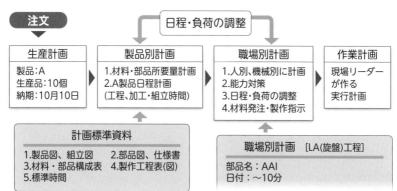

図表4-3 作業計画の例

注文

生産計画	製品別計画	職場別計画	作業計画
製品:A 生産品:10個 納期:10月10日	1.材料・部品所要量計画 2.A製品日程計画 （工程、加工・組立時間）	1.人別、機械別に計画 2.能力対策 3.日程・負荷の調整 4.材料発注・製作指示	現場リーダー が作る 実行計画

日程・負荷の調整

計画標準資料

1.製品図、組立図　　2.部品図、仕様書
3.材料・部品構成表　4.製作工程表(図)
5.標準時間

職場別計画　[LA(旋盤)工程]

部品名：AAI
日付：～10分

✔作業計画は職場リーダーが作る実行計画

　職場別計画は、日程・負荷・納期を調整しながら製品別計画と一緒に作成するため、生産管理部門で作るのが基本です。また、材料・部品の発注と製作指示は、確定した「**製品別日程計画**」の工程区分ごとに行われます（材料・部品の発注は「**注文書**」で、製作指示は「**作業指示書**」で行われるのが一般的です）。

　カレーライスの調理の例を"調理工場"に置き換え、「材料手配」や「製作指示」について考えてみると図表4-4のようになります。

　野菜の注文書は青果店に、肉の注文書は食肉店に、カレールウの注文書は食料品店に出されます。同時に、野菜の皮むき・乱切り作業は野菜調理班に、炒める作業は炒め班に、煮込み作業は煮込み班に作業指示書が渡されることになるわけです。

　もっとも、調理工場ではカレーライスだけ作っているわけではありません。炒め班では、カレーライスの具を炒めることもあれば、サーロインステーキを焼く仕事もあります。つまり、手元には、そ

れぞれ納期をもった調理（作業）指示書が、注文のたびに飛びこんでくることになります。そこで、炒め班の主任コックは、各コックさんの腕前と、調理の進行状況、ガスレンジの使用状況などを総合的に判断し、仕事の予定を立てては、各コックさんに具体的な作業指示を与えていくことになります。

　私たちの職場のリーダーも同様で、作業指示書と加工・組立図をもとに、職場の作業計画を立てています。つまり、**作業計画は、職場のリーダーが作る"実行計画"**なのです。

図表4-4 カレーライスの場合の材料手配・製作指示の例

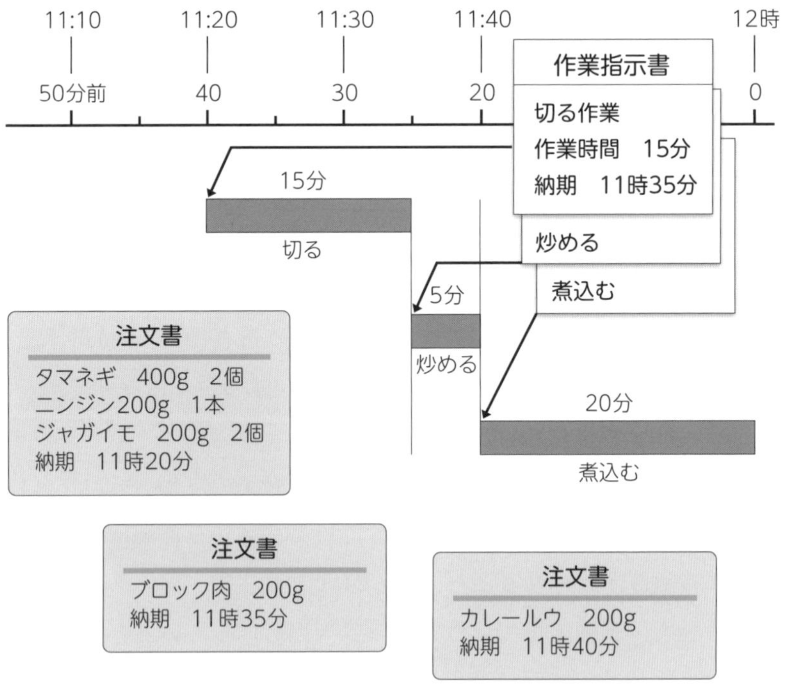

作業標準の決定

図表 4-4 の作業指示書には、「切る作業、作業時間：15 分　納期：11 時 35 分」との記載があります。しかし、そのとおりに動けるのは、作業の手順をしっかり頭に入れている人だけです。指示書だけでは、求められた品質・納期・コストで作業することは困難で、実際には、もっと細かな手順書が必要になります。

多くの企業には、生産技術や生産管理といった部署があります。これらの部署は、工程図や加工図・組立図を書き、工程ごとに「**作業手順書**」や「**作業標準書**」「**作業要領書**」などの資料を作成・発行する部署で、これらの文書は、呼び名が違っても「どうやって作るべきか」の標準的な作業方法を示した資料という点では共通しています。そして、この作業標準は、企業の技能水準や品質要件を前提として決められており、生産現場では、作業標準を事前に十分に検討し、迷うことなく仕事が進められるようにしておくことが大切です。

つまり、事前検討することによって、ムリ・ムダ・ムラを排し、効率よく仕事をするための準備を行っておくことが大切なのです。

効率アップ

作業標準を事前検討して
ムリ・ムダ・ムラを排除

2 作業計画を効率化しよう

仕事の山や谷に対処する

お客さまは、さまざまな要求をもっています。その要求にこたえ

るためには、ある程度の「仕事の山・谷」ができることを覚悟しなければなりません。

　たとえば、レストランであれば、会社の昼休みは仕事のピークです。昼休みは1時間と決まっており、座席を増やすことができない以上、「お客さまの回転率を上げる」ことで対処するしかありません。そのためには、注文してすぐに料理を提供できる体制をとっていくことが重要で、多くのレストランでは、盛りつけ以外の工程をあらかじめ仕込んでおくことで対処しています。

　生産現場における"仕込み"とは、事前に負荷（仕事量）を調整（能力水準に近づける）したり、日程（時間）を調整する（前後にずらす）ことを意味しています。的確に仕込んでいくために、状況の変化を正確に見込んでおくことが大事で、"見込み違い"をすることで、大きな損失をこうむることもあります。

　なお、山や谷に対応するためには、一定期間、仕事量の増減に応じて人や列車の本数、設備台数を増やしたり、減らしたりする能力対策が有効です。実際、工場でも、仕事量の少ない部門から多い部門へ人を移動させたり、あるいは仕事量そのものの移動を行って、負荷の全社的な平準化（関連会社を含めた）を図ることがあります。このように、仕事量が時期や季節によって大きく変動することを「**季節変動**」といいます。変動は、仕事の種類によっては、季節変動、月間変動、週間変動、時刻変動が複雑にからみ合っており、そのことが能力対策をなおいっそう難しいものにしています。

✔変動する仕事量に対処する

　変動する仕事量を可能なかぎり平準化するために、計画を立てる時点で、いろいろな能力対策や負荷・日程調整を行います。しかし、

お客さまの都合で、どうしてもということになると、短期的な対応でしのがざるを得ません。

　短期的な対応でもっともポピュラーなのが、残業（早出）と休日出勤です。作業指示書で提示された仕事を納期どおり次工程に渡さないと、工程を混乱させることになります。指定された納期どおりに仕事を終わらせるには、今日の仕事は今日中に片づけることが大切で、そのためには、臨時的措置として、残業（早出）や深夜労働、休日出勤などの対応が求められます。また、定常的な残業にならないように働き方を変えていくことも大切となります。

✔作業計画に基づいて作業指示を与える

　職場のリーダーは、生産管理部門や課長、係長から"作業指示"を受ける（作業指示は『作業指示書』や『製作命令書』の形で出されます）と、職場の「作業計画」を立案します。そして、職場の一人ひとりに"仕事を配分"し、作業指示を与えることになります。その意味で、リーダーの役割は非常に大切で、どのようにメンバーのシフトを組めば効率的に作業に対応できるかを逐次考えていかなければなりません。

　たとえば、作業指示にもとづいて作業配分を考えている途中で、メンバーの時間外労働が発生することが想定される場合は、あらかじめメンバーの協力を要請し、着実にお客さまの要望に対応できるシフトを構築していくことが重要です。

✔作業計画を自動化する

　作業計画・指示は、製品の種類や作業工程が少なければ、ホワイトボードなどで管理することができます。しかし、製品が多様かつ

第4章

職場の納期管理と安全管理

141

工程が複雑になると、人間の頭で計算し、最適な計画を立てることは困難になります。そうした場合は、コンピュータシステムを活用し、計画を自動的に作成することが必要です。

具体的にはまず、工程情報や使用する設備、人の能力などの**計画標準**を設定します。そのうえで、何がいくつ、いつまでに必要かという**受注情報**を入力します。受注情報は設定しておいた計画標準にしたがって展開され、納期から引きつけて各工程別の負荷として積み上げられます。負荷の積み上げに対し、工程能力値との比較が行われ、負荷を超える分に対して自動的に前倒しして作る計画を立てます。

また、コンピュータシステムを導入することで、納期に間に合わない場合はアラームを出すなどの付加価値をつけることもできます。さらに、条件を変えてシミュレーションを行ったり、計画変更が生じてもすぐに変更をとり入れた計画を作成したりと、システムは計画作成担当者の手助けとなり、計画作業の効率化につながります。

図表4-5 作業計画の例

スケジュール進行状況	10/2（月）	10/3（火）	10/4（水）
工程:K1 ライン:L1 ライン01	HA1 HB1　HC1 HB1	HC1 HA1	
工程:K2 ライン:L1 ライン01	HA1　HB1 HC1	HB1 HC1　HA1	
工程:K3 ライン:L1 ライン01	HA1 HB1 HC1 HB1	HC1 HA1	
工程:K4 ライン:L1 ライン01	HA1 HB1 HC1	HB1 HC1 HA1	

4-3 納期を守る工夫をしよう

1 材料・治工具の事前準備が肝心

✔ まず材料の準備をしよう

仕事を効率よく進め、要求された納期を満足させるためには、つぎの3点をきちんと行うことです。

☐ 仕事の手順を十分検討する
☐ 作業計画をきちんと立てる
☐ それに必要な材料・治工具を事前に準備する

このうち、仕事の手順、作業計画については、すでに述べてきたとおりです。残された課題は、必要な材料や治具・工具・切削具（バイト・カッターなど）、計測器具などをそろえることです。仕事にとりかかってから足りないものをそのつど集めていたのでは、効率が悪いことを認識しておくことが大事です。

✔ 突発的なトラブルを避ける

材料は、数がそろっているだけでは十分ではありません。品質が良くなくてはいけませんし、治工具や設備についても、いつでも"最良の状態で使える"ように、きちんと手入れしておくことが、仕事

をスムーズに進めるポイントです。

　作業にとりかかる事前準備の段階で、材料の"品質"を確認するのは作業者自身です。刃物や治工具・計測具・機械設備の"精度"や調子を確認し、それを保持するのも、それらを使って仕事をする作業者です。**多くの突発的トラブルは、事前準備（確認・手入れを含む）が足りないために起きていること**を認識し、入念な準備を行ってください。

2　仕事の順番を守ろう

✔順番、優先順位を守ることの大切さ

　私たちが利用する電車は、時刻表に決められた順番と時刻で運行されています。けっして、運転士の勝手な判断やそのときの気分で運行されているのではありません。

　職場も同様です。職場には、職場のリーダーが立てた「作業計画」という現場の時刻表があります。それを無視して勝手に仕事の順番を変えると、前後工程や職場を混乱させ、製品の納期に悪い影響を与えることになります。

　また、仕事には優先順位があります。計画をするときに決めた優先順位にしたがって仕事をすることで、部品や半製品が各工程をスムーズに流れ、そして最終的にはお客さまの要求する納期を満足させることになります。

　仕事の優先順位は、その職場や工程に対して指示された「日程＝工程納期」です。したがって、工程納期の早いものから仕事をすることが大切です。また、納期どおりに終わらせることが可能であれば、なるべく仕掛品が滞留している時間を短くするようにします。

たとえば、図表4-6では、単純に＜アルファベット順＞に仕事をした場合と比べて、＜加工時間の小さい順＞に仕事をしたほうが、平均仕掛量や平均滞留時間は減少しています。＜アルファベット順＞では、まずAの加工に4時間かかるため、Bは4時間滞留しています。CはAとBが終わるまで待たなければならないため、Bの加工時間1時間とAの加工時間を足した5時間滞留しています。同様にして、Dの待ちは11時間、Eの待ちは13時間ですから、AからDは合計で33時間滞留しています。

　一方＜加工時間の小さい順＞の場合は、加工時間の短いBから加工をはじめています。Bの加工時間は1時間ですので、つぎのDは1時間待ちます。そのつぎのEはDの2時間の加工を待つので、Bと合わせて3時間待ちます。加工時間のもっとも長いCが終わるまでに、合計20時間の滞留にとどまりました。前のものが加工している間、あとのものに待ち時間が発生します。そのため、加工時間が短いほうを優先すれば、トータルでの滞留時間は短くなります。

3 仕事の進度を把握しよう

✔正しい運転が事故を防ぐ

　曲がりくねった道をかなりのスピードで走れば、うまく車をコントロールできず、事故を起こす可能性があります。わき見運転や居眠り運転をすれば、確実に事故をまねくでしょう。そうかといって、高速道路をノロノロ走れば、周囲の車の流れを乱し、事故につながる危険があります。

　私たちの職場にも、スピード違反やわき見・居眠り運転の常習者が紛れこんでいることがあります。ときに機械を必要以上に酷使し

図表4-6 仕事別の加工時間

〈仕事別の加工時間〉

仕事	A	B	C	D	E	合計
加工時間	4H	1H	6H	2H	3H	16H

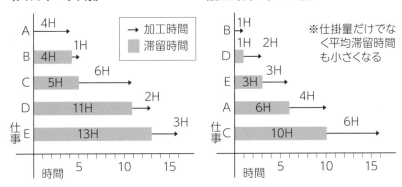

〈アルファベット順〉 〈加工時間の小さい順〉

ている人がいれば、それは仕事のうえでのスピード違反です。逆に、切粉（きりこ）が出ているのかわからないほどゆっくり機械を回転させている人は、ノロノロ運転で周囲に迷惑をかけている人のようだといえるでしょう。

　職場では、機械の能力と材質・仕上り精度に応じて、正しい回転数・送り速度・切り込み量で加工することが大原則です。もし、手送り式の機械で切り込みすぎや、段付き部（だんつき）を削ってしまったといった不良が発生しているとしたら、その原因は、図面や作業標準書を事前にきちんと確認していなかったか、ついうっかり"わき見"をしてしまったことが考えられます。

　また、スピードの出しすぎも、不良を発生させると同時に、機械の故障の原因にもなります。

146

繰り返しになりますが、**正しい作業標準にしたがって仕事を進めることが、品質・納期・コストを守る基本**であることを、あらためて認識してください。

✔️仕事の進み具合を測定する

納期を守るためには、仕事の進み具合を"測定"することが大事です。とくに、つぎのことを測定する必要があります。

☐　どこまで加工したか（仕事の進み具合）
☐　時間はいくらかかったか（実績時間）

仕事の進み具合は、作業指示書に記載されている工程表と実際の進み度合いの差から把握します。また、実績時間は、その仕事を開始するときに作業指示書に記録した着手時刻と、現在の時刻から、簡単に計算することができます。

しかし、作業の進捗状況を的確につかむのが難しい場合があります。たとえば、加工時間の長い、大きな部品の溶接工事の場合、どこまで終了したかを判断するのは容易ではありません。作業手順書に、相当細かく作業手順が示されている場合は、その手順の終わった部分を"消し込み"することになりますが、そうでなければ、長年の経験と"勘"で「このくらい」と推定することになります。

大きな部品の多くは、そのつど図面を書いて手配される個別受注製品です。加工方法を十分検討し、詳細な作業手順書を用意してから加工に着手することが多いので、日程的に余裕がありません。

したがって、経験の浅い人にとっては、頼りとなる作業手順書の内容が粗いと、「どこまで仕事が進んでいるか」を評価するのはかな

り難しく、その場合は、リーダーが的確に判断するようにします。

4 計画と進み具合の確認をしよう

✔ 計画と実績の差を把握する

　私たちが利用している電車や列車は、ほとんど時刻表どおりに運行されています。その背景には、運転士たちの高い意識と、時刻表どおりに走ることを可能にする保守や運転システムが存在します。たとえば、運転士は、駅に停車するごとに運行カードの指示時刻と時計を見比べ、運転速度を微調整して、進みや遅れを出さないようにしています。つまり、時刻表という「計画」と、時計で測定した「時刻（実績）」を対比させて「**計画と実績の差**」を把握し、その差を解消するように、運転速度を微調整しているのです。

　私たちの仕事も同様です。まず、計画と測定した実績とを対比させ、「計画と実績の差」を正しく把握することが大切です。

　なお、作業進度を表すのに、「**生産進度管理板**」を用いる方法があります。これは、当日の生産計画数を生産進度管理板に表示することで、グループ全員に知らせる方法です。その時点での完成目標数と完成数をリアルタイムで表示することで、生産の進度状況が明確にわかります。また、遅れが規定数以上になると、回転灯を点灯させるなどして、注意をうながすことも可能です。

✔ 作業計画の消し込みと進度対策

　生産現場にたずさわる人は、リーダーが立てた「作業計画」を守る責任と義務があります。私たちの仕事を計画どおり進めるには、つぎの2点を実行することが大切です。

計画と実績を対比させ、差を把握するには、まず実績を測定し、「**計画表**」にその実績を記入します。これを、計画の「**消し込み**」といいます。消し込みされた計画表には、計画と実績の"差"が明示されます。

計画と実績の差が明確になったら、その差を解消するにはどうするべきか、対策を考え、実行します。計画と実績の差が大きく、自分だけの努力では回復するのが難しい場合は、職場のリーダーに早めに相談して、計画と実績の差が拡大しないようにすべきです。

計画と実績の差を拡大させないためには、仕事の区切りや完了時に、計画表を"消し込む"ことが重要です。もし、その日に完了する仕事がなければ、終業時には、作業の進捗状況と実績時間を測定し、計画表を消し込みましょう。こまめに計画表を消し込めば、差

図表4-7 週間作業計画の消し込みの例

※塗りつぶした部分が、9/3(火)の午後5時までの消し込み

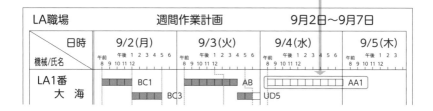

第4章 職場の納期管理と安全管理

が広がらないうちに発見でき、対策も簡単で、早く回復させること
ができます。

✔ 作業の進捗状況を「見える化」する

　作業の進捗（作業の進み具合）を「見える化」するためのし
くみとして、**生産時点情報管理システム**（**POP システム**〈Point of
Production System〉）とよばれるものがあります。

　これによって、生産現場で発生するさまざまな情報を自動的に収
集、提供し、作業進捗が見えるようになります。また、遅れをすぐ
に把握し、急ぎの指示を出したり、該当工程に人を追加するような
対処も可能です。

　このシステムは、職場特性に合わせて活用方法を工夫することが
できます。作業場所が定まっておらず、固定的な実績収集が難しい
職場では、ハンディターミナル（携帯端末）が有効です。作業者が
各工程の開始時、終了時にハンディターミナルを用いて実績入力報
告を行うことで、リアルタイムに作業の進捗を管理し、状態表示や
分析を行うことができます。

　このシステムにより計画の進捗度、消化率や余裕状態も管理でき、
管理者は先行・遅延の工程のバランスを再調整できます。また、計
画基準類との比較を行い、異常値が発生したときのアラームや計画
基準類の精度向上などにも活用されます。

　多品種少量生産に加えて、製品のライフサイクルが短期化し、め
まぐるしい需要の変化に対応していかなければならない今日、素早
く、正確な情報を詳細にとるためには IT（情報技術）を効果的に
活用していくスキルが求められます。

4-4 職場の安全管理を考えよう

1 安全管理とは何だろう

✔「安全」という言葉がもつ意味

　「安全」という言葉を辞書で引くと、「安らかで危険のないこと」といった解説がなされていたりします。また、国際規格である「ISO ／ IEC ガイド 51」（安全を規格に盛りこむための指針）では、「安全」を「受け入れ不可能なリスクから解放されていること」と定義しています。

　しかし、職場において、「絶対的に安全である」という状態を実現するのは困難です。私たちのまわりには、常になんらかの形で危険な状態が存在し、かつその危険、事故、災害には必ず理由があります。

　たとえば、トラブルのあった設備のカバーをはずし、回転部から部品を取り出そうとすれば、巻きこまれ事故につながる可能性があります。逆に、設備の回転部にカバーを取りつけ、人の手が入る余地がなければ、事故は起きません。つまり、人は非安全な状態（『**危険源**』）にさらされないかぎり、ケガや事故を起こすことはないのです。危険源にはつぎのようなものがあります。

危険な作業
◉荷役作業、電気工事、運搬作業など

危険な場所・環境
◉高所作業場所、防爆エリア、危険物貯蔵エリア、突起物のある場所、狭い作業場所など

危険なもの
◉引火物、爆発物、高温物質など

危険な設備・道具
◉設備の回転部、可動部、高温部、高圧力部、高電圧部など

✔安全管理とは

　私たちは、いつも「安全」と「危険」の間の「不安（不完全な安全）」な状態に置かれています。そのような「不安」な日常の中で、「ケガ」や「事故」といった労働災害を未然に防ぎ、かつ発生した災害に対して最善の対策を施すことを一般に、「**安全管理**」といいます。

　企業にとって安全管理は、自らの社会的責任を果たすうえで基本となるものです。なぜなら、いったん事故・災害・環境被害を発生させてしまうと、会社の信用を失いかねないからです。そのため、多くの工場・生産現場では、「安全第一」「安全はすべてに優先する」といった標語が掲げられています。

　安全管理は、1906 年にアメリカの U.S. スチール社のゲーリー社長による取り組みにさかのぼります。U.S. スチール社では、不景気のため十分な設備管理が行われておらず、設備の不具合による労働

者の災害が多発しました。この状況を重くみたゲーリー氏は、会社の経営方針を「安全第一・品質第二・生産第三」としたうえで、安全管理の徹底を図ったのです。

　これによって、災害発生が激減しただけでなく、製品の品質・生産性も向上しました。というのは、作業上の「不安な箇所」や「落ち着いて作業ができないという状況」が、あわせて改善されたからです。つまり、**安全な状態を維持し、不安を取り除くことは、品質も生産性も向上させる重要な要件**であり、以後、「安全第一」という言葉が世界的に定着するようになりました。

2　安全管理の基本を理解しよう

☑ハインリッヒの法則に学ぶ

　38 ページで紹介したとおり、「ハインリッヒの法則」は、安全管理を行ううえで基本となる法則です。「ハインリッヒの法則」では、1 件の重大災害が発生する背景には、29 件の微小災害と、300 件のヒヤリ・ハットがあるとされています。先述したカレーライスの料理の例でいえば、包丁を使うときは要注意です。ちょっとした不注意で指に切り傷を作ってしまった経験のある人は多いでしょうし、ヒヤリとすることを繰り返していると、そのうち大きな災害につながる可能性があります。

　いつやってくるかわからない大きな災害を未然に防ぐには、不安全な状態や行動を認識して、無災害の段階で地道に対策を考え、実行していくことが大切です。

図表4-8 ハインリッヒの法則

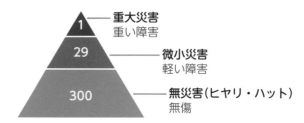

微小災害や無災害に注意する

　重大災害が増加している職場の多くは、その前段階である微小災害（赤チン災害※など）や無災害（ヒヤリ・ハットなど）を軽視する傾向にあります。もし、職場でつぎのような微小災害や無災害が放置されている状態があれば、その会社の安全意識は薄く、「管理不在」といわざるを得ません。

□　安全第一のスローガンは掲げているが、改善するためのしくみがない
□　安全強化月間だけの一時的な取り組みが毎年繰り返される
□　事故の報告をしても「予算がない」で終わりになってしまう

7つの危険の種類

　危険の種類、およびその危険が引き起こす災害を整理すると、つぎの7つに分けられます。

1.機械・設備の危険：（例）巻込み、はさまれ、衝突など
2.電気の危険：（例）感電など

※赤チン災害…赤チンを塗る程度の小さな傷のような災害のこと

3.放射線の危険：（例）被ばくなど

4.有害物質の危険：（例）ちっ素中毒など

5.衛生面の危険：（例）腰痛、ケイ腕症、騒音性難聴、じん肺、慢性中毒など

6.物理的な危険：（例）転落、墜落など

7.火災および爆発の危険：（例）可燃性、引火性など

✔安全管理のチェックポイント

　災害が起こらないようにするためにも、危険をきちんと認識し、そしてその危険に対して適切な安全管理を行うことが大切です。

　安全管理といってもけっして特別なものではなく、以下に挙げる一見当たり前の要件が満たされることで安全は確保されます。

☐　経営のトップ自らが率先してお手本を示し、安全管理に取り組んでいる

☐　安全管理の取り組みのしくみがある

☐　安全に関する各管理層の責任が明確にされている

☐　相互の確実で密接なコミュニケーションがとられている

☐　安全管理に対する厳格な内部監査が行われている

3 労働安全衛生法をよく知ろう

✔労働安全衛生法を確認する

　高度経済成長期の時代は、労働災害が数多く発生しました。その

ため、労働災害を防止するためにさまざまな法律が定められたわけですが、1972年に制定された「**労働安全衛生法**」は、その基盤ともいうべき法律です。「労働安全衛生法」は、会社において以下の3つの要件を満たすことを求めています。

□　危害を防止するための基準を明確化すること

□　責任体制を明確化すること

□　計画的な災害への対策を推進すること

　また、労働安全衛生法では、つぎのようなことが規定されています。

労働災害防止計画

安全衛生管理体制

労働者の危険または健康障害を防止するための措置

機械等および有害物に関する規制

労働者の就業にあたっての措置

健康の保持増進のための措置

快適な職場環境の形成のための措置

免許等

安全衛生改善計画等

労働安全衛生法

監督等

罰則

✔「安全」と「衛生」の意味を知る

　「労働安全衛生法」は、快適な職場環境をつくることを目的として制定されました。快適な職場環境をつくるためには、「**安全**」であることも重要ですが、同時に、「**衛生**」的であることも必要です。

安全

　負傷または疾病(しっぺい)(病気)の発生の可能性をもっている場合を「危険」といい、これらの発生の可能性を軽減し、または除去することが「安全」です。つまり、**発生するかもしれない災害を防止することを意味する概念**です。

衛生

　ものまたは環境による疾病の発生が必然性をもっている場合は「有害」であるといい、この有害性を軽減し、または除去することによって疾病の防止などを図ることが「衛生」です。

　つまり、**必ず発生する災害を防止することを意味する概念**です。

　当然、「安全」と「衛生」が対象とする労働災害はそれぞれ異なります。「安全」は爆発、漏電、墜落など**異常な現象（事故）が原因で起きる労働災害を防止するのが目的**です。それに対して、「衛生」は、腰痛、ケイ腕症、じん肺、騒音性難聴、慢性中毒など、**通常（異常でない程度）の作業状態から発生する労働災害を防止することが目的**となります。

✔安全衛生管理体制を整備する

　事業者は、労働安全衛生法にもとづく安全と衛生を管理する体制をつくり、安全衛生管理規程にもとづいて、事業者の責任と義務を

確実に果たしていく義務があります。

　とくに、安全と衛生を管理する体制では、事業者の「安全に対する対策、対応を適正に行う義務（**安全配慮義務**）」のもとに、安全のための環境整備と安全対策推進のための役割、責任・権限を明らかにすることが求められています。

　事故・災害ゼロをめざした、快適な職場環境をつくるためには、きちんとした安全と衛生を管理できる体制を築く必要があります。

　具体的には、つぎのような責任者や担当者を選任します。

統括安全衛生管理者	事業の実施にあたり、実質的に統括に関する権限および責任を有する者
安全衛生委員会	労働者が心身の健康を保ち、安全に働くことができるように、一定の規模の事業場に設置することが法律で義務づけられている委員会
安全管理者	安全衛生業務のうち、安全にかかる技術的事項を管理する者
衛生管理者	労働衛生に関する技術的事項を管理する者
産業医	事業場において、労働者が健康で快適な作業環境のもとで仕事が行えるよう、専門的立場から指導・助言を行う医師
(安全)衛生推進者	安全衛生業務について、権限と責任を有する者の指揮を受けて当該業務を担当する者
作業主任者	事業者が、労働者に命ずる業務の全部または一部に「労働災害の危険性・おそれ」がある場合、それらの業務を行う労働者のうち、一定の要件(資格)を満たす者

第 5 章
企業と環境問題

学習のポイント

　ものづくりは、たくさんの材料や原料を使っています。またそれらは、地球上にあるさまざまな資源を利用してできています。わたしたちの活動は、地球上の恩恵を受けて成り立っているともいえます。

　第5章では、ものづくりが及ぼす地球環境への影響について考えていきます。

この章の内容

5-1　企業が抱える環境問題をよく知ろう

5-2　工場の中の環境問題をよく知ろう

企業が抱える 環境問題をよく知ろう

1 環境問題とは

✔環境問題はどのようにして起こったのか

20世紀の社会は、大量生産、大量消費、大量廃棄型の経済システムのもと、多くの資源が消費され、自然界での分解が困難な物質を自然環境に排出するという犠牲を払って発展してきました。

その結果、下の図にあるようなさまざまな環境問題が生じています。これらは、私たちの経済活動や生活環境に悪影響を与えているだけでなく、つぎの世代にも負の遺産を残すことになり、私たちが対策をとることが急務となっています。

工場でも CO_2 排出量の削減対策や「ゼロエミッション」といわれる廃棄物を極力削減する活動が、企業の社会的な責任として重要になってきています。

図表5-1 公害問題と地球環境問題

典型7公害
①大気汚染
②水質汚濁
③土壌汚染
④騒音
⑤振動
⑥地盤沈下
⑦悪臭

公害問題
・被害は比較的、局所的
・被害者、加害者が明確

地球環境問題
・被害は広範囲にわたる
・被害者と加害者の区別がつきにくい
・被害が次世代に及ぶ

地球環境問題
・地球温暖化　・海洋汚染　・廃棄物の増加（越境移動）
・酸性雨　・砂漠化　・天然資源の枯渇
・オゾン層の破壊　・野生生物種の減少　・熱帯雨林の減少

2 公害を整理する

✔公害には何があるのか

　高度経済成長期には重化学工業が急速に発展し、各地で公害が大きな社会問題となりました。1967年に制定された公害対策基本法では典型7公害を定め、関連法律の整備も進みました。1971年に環境庁（2001年から環境省）が設置され、1993年には公害対策基本法が環境基本法に引き継がれました。これらの規制により、当時の公害問題の多くは解決しましたが、いまだに数多くの環境問題があるのも事実です。

　環境基準を守ることはもちろん、地域の理解や協力を得ながら活動していくことが大切です。

図表5-2　典型7公害の概要と対策

典型7公害	概要	工場における環境対策
大気汚染	工場などから出る煤煙・粉塵や自動車の排気ガスが原因。硫黄酸化物、窒素酸化物、一酸化炭素、浮遊粒子状物質、光化学オキシダントなどがある	・集塵装置や脱硫装置、脱硝装置の設置 ・ボイラーなどの運転は、燃料の完全燃焼、燃焼温度に配慮し、窒素酸化物の排出を減らす ・低排気ガス車の使用、アイドリングストップ（停車時のエンジン停止）の励行
水質汚濁	事業活動や日常生活によって広い範囲に生じ、健康や生活環境にかかわる被害が生じる	・基準値を超えたり、特定物質を含む排水の場合は専門の設備で処理する
土壌汚染	事故や不法投棄により化学物質が過剰に土壌へ入ると、地下水汚染などの環境汚染を引き起こす	・特定有害物質の適切な製造、使用、処理、貯蔵・保管
騒音	会話や睡眠の妨げとなり、生活環境を損なう好ましくない音。感じ方の個人差が大きい	・防音ボックス、防振ゴム、防振バネの使用 ・建屋の壁や開口部への吸音処理
振動	工場などの事業活動、建設作業、交通機関の運行などにより、建物が揺れたり壊れたりするほか、日常生活に影響を及ぼす揺れ	・低振動型の機械を導入
地盤沈下	地盤が軟弱な地域での過剰な地下水採取により、地層が収縮し地面が沈下する現象	・地下水の過剰採取をしない
悪臭	誰からも嫌われる悪い臭い。不快感をもたらし、生活環境に影響を及ぼす	・原因となる悪臭物質を使用しない ・悪臭物質の工場外への排出、漏出の防止

第5章　企業と環境問題

3 地球の環境問題を考えよう

✔ さまざまな環境問題

① 地球温暖化（気候変動）

　私たちの日常的な活動により、地球の平均気温が上昇している環境問題を「**地球温暖化**」といいます。

　地球のまわりは、二酸化炭素（CO_2）のほか、メタン、フロン類、一酸化二窒素などの温室効果ガスに包まれており、地表から宇宙へ放出する輻射熱の一部を吸収し、気温を調節してくれています。これはとても重要な機能です。

　地球温暖化は、大気中の主に二酸化炭素の濃度が上昇し、宇宙への熱の放出が妨げられることにより起こります。

> **図表5-3** 地球温暖化のメカニズム（※2019 年間平均）

出所：温室効果ガス世界資料センター

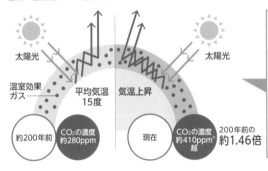

太陽光　太陽光
温室効果ガス
平均気温15度　気温上昇
約200年前　CO_2の濃度約280ppm
現在　CO_2の濃度約410ppm越　200年前の約1.46倍

　CO_2などの温暖効果ガスは、太陽の光はよく通しますが、赤外線などの熱は吸収して一部を再放出します。
　CO_2の濃度が上がって、熱を宇宙に放出しにくくなっていることが地球温暖化の原因です。

　現在、日本で発電される電気の大部分は、化石燃料の燃焼によってつくられており（経済産業省「電力調査統計」）、火力発電所のほか、ボイラーの使用やガソリンや軽油を使う自動車などから毎日大量の二酸化炭素を放出しています。

地球温暖化の影響により、現在、猛烈なスピードで南極や北極の氷が溶け出しています。氷の溶解と海水の熱膨張で、今後100年以内に50cm以上の海面上昇が予測されています。これによる領土の減少や国の沈没が懸念されています。

　急激な温暖化は、森林の適温地域への植生移動のスピードよりも速いので、自然林が大きな被害を受けるといわれています。二酸化炭素の吸収源である森林減少は、温暖化にいっそう拍車をかけるでしょう。

　また、海水の温度が上昇すると、台風やハリケーンが発生しやすくなり、規模も巨大化していきます。近年日本で見られる真夏日の記録更新、台風やゲリラ豪雨、集中豪雨などの異常気象も地球温暖化との関連性が指摘されています。

　その他、マラリア、デング熱などの熱帯性の感染症が日本でも蔓延するといわれ、生態系への影響も心配されています。

② 地天然資源の枯渇

　化石燃料や金属、鉱物は再生することのない限りある資源です。化石燃料は何億年もかけてつくられ、石油と天然ガスはあと約50年、石炭は約110年で枯渇するといわれています。

　また、最近ではレアメタル（機能性希少金属）も話題になっています。LED（発光ダイオード）や電子部品、太陽電池・燃料電池・二次電池には多くのレアメタルが使用され、価格高騰が続いています。今すぐに枯渇することはありませんが、埋蔵量の90％が中国やアフリカ、ロシアなどに集中しています。これらの国の政策や政情、経済状況に左右されない調達が求められ、アメリカなど備蓄を進める国が増えています。

③ 熱帯雨林の減少（森林破壊）、砂漠化、野生生物種の減少

　森林は大気中の二酸化炭素を吸収する機能を担うため、森林破壊は地球温暖化に大きく影響します。森林に雨が降ると根から吸収され、葉から出る水蒸気により雲ができ、再び雨が降るのです。ところが森林破壊が進むと降水量が減るので、砂漠化が進行します。また、森林破壊は野生生物の絶滅などの問題も引き起こします。

④ 廃棄物の越境移動

　先進国で生じた廃棄物が、規制が緩く処理コストも安い発展途上国に運ばれ、さらに適正に処理されないことで起こる環境汚染が深刻になっています。

　現在の廃棄物処理法では、排出事業者が廃棄物処理業者を監督し、適正に最終処分されたことを確認する義務があります。

⑤ 酸性雨、オゾン層の破壊、海洋汚染

　酸性雨は、工場や自動車から大気中に排出される窒素酸化物（NOx）や硫黄酸化物（SOx）が変化してできた硝酸や硫酸が溶けている雨です。土壌を汚染し、森林を枯らし、湖沼の魚を死滅させてしまいます。

　フロンなどの化学物質により地球を取り巻くオゾン層を破壊し、有害な紫外線が地表に到達することによる皮膚がんや白内障の増加も問題になっています。

　また、有害物質の投棄、石油の流出による海洋汚染が広がっており、生物の生殖機能を退化させる環境ホルモン、PCB（ポリ塩化ビニール）などの有機塩素化合物が広く検出されています。

6 SDGs(持続可能な開発目標)への対応

　皆さんは、「SDGs (Sustainable Development Goals：持続可能な開発目標)」という言葉を聞いたことがありますか。テレビや新聞などでも話題が多くなりましたので、聞いたことがある方は多くいるかもしれません。SDGs は、2015 年に国連が採択したもので、先進国を含む国際社会全体が、環境・経済・社会の課題を解決して2030 年までに達成しなければならない 17 の目標（ゴール）です。SDGs の根幹にある「持続可能な開発」とは、「将来世代のニーズを損なわずに、現代世代のニーズを満たす開発」のことをいいます。SDGs には、あらゆる分野における社会の課題と長期的な視点でのニーズを考えた目標が設定されているわけです。そして、これまで説明してきた環境問題も大きく目標に取り上げられています。

　現在この SDGs は、国としての取組みだけでなく、企業における取組みも活発になっています。環境課題や社会課題の解決を通して事業を進める、環境課題や社会課題に配慮していないと事業は進められない、そんな時代を作ろうとしています。

SDGs　17の目標

1	貧困をなくそう	あらゆる場所のあらゆる形態の貧困を終わらせる
2	飢餓をゼロに	飢餓を終わらせ、食料安全保障及び栄養改善を実現し、持続可能な農業を促進する
3	すべての人に健康と福祉を	あらゆる年齢のすべての人々の健康的な生活を確保し、福祉を促進する
4	質の高い教育をみんなに	すべての人に包摂的かつ公正な質の高い教育を確保し、生涯学習の機会を促進する
5	ジェンダー平等を実現しよう	ジェンダー平等を達成し、すべての女性及び女児の能力強化を行う
6	安全な水とトイレを世界中に	すべての人々の水と衛生の利用可能性と持続可能な管理を確保する
7	エネルギーをみんなにそしてクリーンに	すべての人々の、安価かつ信頼できる持続可能な近代的エネルギーへのアクセスを確保する
8	働きがいも経済成長も	包摂的かつ持続可能な経済成長及びすべての人々の完全かつ生産的な雇用と働きがいのある人間らしい雇用(ディーセント・ワーク)を促進する
9	産業と技術革新の基盤をつくろう	強靭(レジリエント)なインフラ構築、包摂的かつ持続可能な産業化の促進及びイノベーションの推進を図る
10	人や国の不平等をなくそう	各国内及び各国間の不平等を是正する
11	住み続けられるまちづくりを	包摂的で安全かつ強靭(レジリエント)で持続可能な都市及び人間居住を実現する
12	つくる責任つかう責任	持続可能な生産消費形態を確保する
13	気候変動に具体的な対策を	気候変動及びその影響を軽減するための緊急対策を講じる
14	海の豊かさを守ろう	持続可能な開発のために海洋・海洋資源を保全し、持続可能な形で利用する
15	陸の豊かさも守ろう	陸域生態系の保護、回復、持続可能な利用の推進、持続可能な森林の経営、砂漠化への対処、ならびに土地の劣化の阻止・回復及び生物多様性の損失を阻止する
16	平和と公正をすべての人に	持続可能な開発のための平和で包摂的な社会を促進し、すべての人々に司法へのアクセスを提供し、あらゆるレベルにおいて効果的で説明責任のある包摂的な制度を構築する
17	パートナーシップで目標を達成しよう	持続可能な開発のための実施手段を強化し、グローバル・パートナーシップを活性化する

工場の中の環境問題をよく知ろう

1 身のまわりの活動と環境問題を考えよう

✔工場の活動が環境に影響していること

次ページの図表5-4 は、工場での活動と関連する環境影響を示した表です。

生産設備だけではなく、照明、空調、セキュリティ管理でも毎日電気を使っています。そして発電所で化石燃料を燃やして生じた排ガスには、CO_2、NO_x、SO_x、煤塵などが含まれています。つまり、電気を使うことは、地球温暖化や大気汚染、酸性雨、天然資源の枯渇などの環境問題に直結しているのです。

大きな音や振動を発生する場合は、音や振動を吸収するマットや防振装置を使用して近隣に迷惑がかからないようにしましょう。

✔化学物質と環境汚染

化学物質の中には、人体に多大な悪影響を及ぼすものがあります。排気装置やマスクなどによる作業環境の整備や適切な保管が必要です。取り扱いを誤ると、大気汚染を引き起こすこともあります。

携帯電話やスマートフォンの使用済み電池をリサイクルせずに埋め立てることは、水銀、鉛、カドミウム、ニッケルなど有害物質による土壌汚染を引き起こすほか、天然資源の枯渇につながります。

図表5-4　身のまわりの活動を環境影響（例）

区分	活動（環境側面）	IN/OUT	大気汚染	水質汚染	土壌汚染	騒音・振動	地盤沈下	悪臭	地球温暖化	酸性雨	オゾン層の破壊	海洋汚染	砂漠化	野生生物種の減少	廃棄物の増加	天然資源の枯渇	森林破壊	住環境の悪化	作業環境の悪化	人体への直接影響
オフィス	電力の使用	IN	〇						〇	〇						〇				
	天然ガス・都市ガスの使用	IN	〇						〇	〇						〇				
	文房具の使用	IN														〇				
	コピー用紙の使用	IN														〇	〇			
	OA機器類の使用	IN														〇				
	什器（机、キャビネ等）の使用	IN														〇				
	コンプレッサーの使用	IN				〇														
	化学物質（洗浄剤）の使用	IN			〇（漏えいの可能性）			〇	〇		〇								〇	〇
	塗料・接着剤（有機溶剤）の使用	IN						〇										〇	〇	〇
工場	自動車の使用	IN	〇			〇			〇	〇						〇		〇	〇	
	食堂の利用（厨房、食器、食材、洗剤等）	IN/OUT		〇				〇										〇		
廃棄物	排水	OUT		〇																
	廃油	OUT	〇（焼却）	〇																
	排熱	OUT						〇	〇											
	生ゴミ	OUT	〇（焼却）												〇					
	廃ビニール・プラスチック	OUT	〇（焼却）												〇				〇	
	廃雑誌	OUT	〇（焼却）												〇					
	廃蛍光灯	OUT			〇（埋立て）										〇					
	廃電池	OUT			〇（埋立て）										〇					

IN：購入以前の段階及び使用時の影響
OUT：使用後の段階の影響

注）上記の例は一例であり、具体的な環境側面および処理プロセスによって、〇のつく位置が変わってきます。

会社や家庭から出る排水は、水質汚濁につながり、生ゴミや汚泥は、悪臭や廃棄物の増加に影響を及ぼします。

✅環境のためにできることは

一方で、環境に配慮した事業活動も可能です。不要なスイッチを切る、生産性を上げて設備の稼働時間を減らすなどの節電は、地球温暖化防止に、また、原料をムダにせず不良品を作らないこと、廃棄物の分別は、資源の枯渇防止や廃棄物削減につながります。

2 工場の環境問題と環境法令の関係を知ろう

✅環境と法令の関係

さまざまな環境問題に関連する法規制が、数多く制定されています。次ページの図表5-5は、多くの工場に該当する法規制の例になります。

✅法令を守るためのしくみ

工場の法令管理は、まず、どの法規制が該当するかを明らかにします。そして、法規制は頻繁に改正が行われるので、総務省のホームページなどで最新情報を把握しつつ、社内の設備、薬品、業務などを調査し、該当する法規制に対応するしくみを社内に構築することが必要です。

また、チェックリストなどを作成し、1年に1回は遵守評価を行うことが望まれます。

✔ 環境対策と企業の社会的責任

現在、企業はコンプライアンス（法令遵守）だけでなく、自主的に環境配慮設計、温暖化対策、廃棄物削減等の環境活動を進めています。

また、企業は営利目的の活動だけでなく、社会貢献や企業倫理への取り組みを積極的に行い、社会的責任を果たすべきであるという考え方が広がっています。

図表5-5 主な工場の環境問題と環境法令

No.	環境問題	法令・規則
1	大気汚染	大気汚染防止法
2	水質汚濁	水質汚濁防止法
3	水質汚染	下水道法
4	騒音	騒音規制法
5	振動	振動規制法
6	悪臭	悪臭防止法
7	作業環境の悪化・人体への悪影響	毒物及び劇物取締法 有機溶剤中毒予防規則 PRTR法（特定化学物質の環境への排出量の把握及び管理の改善の促進に関する法律）
8	オゾン層の破壊・地球温暖化	フロン回収・破壊法
9	廃棄物の増加（越境移動）	廃棄物処理法（廃棄物の処理及び清掃に関する法律）
10	廃棄物の増加（天然資源の枯渇）	資源有効利用促進法
11	地球温暖化・天然資源の枯渇	省エネ法（エネルギーの使用の合理化に関する法律）
12	地球温暖化	地球温暖化対策の推進に関する法律

これからの学習に向けて

　本書では、生産マイスターに求められる基礎的な知識として、①企業の社会性と生産部門の役割、②コスト管理の基本、③品質管理の基本、④職場の納期管理と安全管理、⑤企業と環境問題の5分野を学びました。それぞれの分野で習得した「ロスマインド」は、生産部門の生産性、安全性を向上させるための土台となるもので、ものづくりを考える際のベースになるものです。

　土台づくりに十分に時間を費やせば、仕事は着実に身につき、自分自身の成長が目に見えて実感できます。今後も本書を繰り返し復習することで、知識を実感できるレベルまで高めていきましょう。

　本書は、生産マイスターの知識を身につけることのみを目的にしたものではありません。身につけた知識を自分の中で消化し、現場で実践できる人材を育成することが本来の目的です。「ロスマインド」を生産部門で活用し、現場の第一線で活躍することで、グループリーダーとしての役割を担える人材に育っていってください。

❖　　　❖　　　❖　　　❖　　　❖

　生産マイスターの基礎知識を習得した皆さんには、つぎのステップとなる3級、2級、1級の通信教育コースを用意しています。

〈公式認定通信教育コースのお問い合わせ先〉
株式会社 日本能率協会マネジメントセンター
TEL: 03-6253-8080　　URL: https://www.jmam.co.jp

3級コースでは、グループリーダーとして必要な知識となる製造原価、生産管理、安全管理、環境管理などに焦点を当てながら、生産部門のリーダーに必須となる「スタンダードマインド」を習得します。ベーシックコースに隣接するコースであり、皆さんがつぎにチャレンジしていくコースとなります。

　2級コースでは、第一線の監督者に求められる現場管理、製造原価管理、品質管理などを取り上げながら、「システムマインド」を学んでいきます。カリキュラムの中には、「生産管理の改革と職場の安全衛生・環境管理」が組みこまれ、資源の有効利用を考慮した生産計画の考え方、立案の方法、在庫管理・生産管理の方法などが学習できます。

　最終単位となる1級コースでは、工場の管理者層に求められるマネジメントにスポットを当て、「マネジメントマインド」の習得を図ります。そして、「生産管理の今後の課題と安全・環境マネジメント」が学べる内容になっています。

　本書のベーシックコースは、生産部門でキャリア形成していくための導入部分にあたります。3級、2級、1級コースと着実に知識を積み重ねることで、生産マイスターとしてのキャリアアップを図っていきましょう。

付録
腕だめし模擬問題

模擬問題

　生産マイスター検定問題はマークシート方式で 50 問出題されます。知識試験のほか、計算問題やケース問題が出題されますが、本書では「サンプル問題」として各パターンの出題例を掲載します。

知識試験（二肢択一）

【問題】つぎの文章のうち正しいものには○印を、誤っているものには×印を選びなさい。

設問① 分業のメリットを最大に活かし効率的な生産を行うには、協業が不可欠である。

　　　ア　○　　　　　　イ　×

設問② 会社が利益を上げることで、国の財政を支え、社会に貢献していることになる。

　　　ア　○　　　　　　イ　×

設問③ 価格は、「コスト＋利益＝価格」という公式だけで決まる。

ア　○　　　　イ　×

知識試験（三肢択一）

〈文章選択〉

設問① 品質特性の説明としてもっとも適切なものを、選択肢から
　　　選びなさい。

　ア．製品の品質そのものを構成する要素
　イ．品質要求を満たすための品質マネジメント
　ウ．顧客の要求に対する製品・サービスの適合度合い

〈語句短文選択〉

設問① つぎの文章は、ある語句を説明するものである。説明して
　　　いるものとして、もっとも適切なものを選びなさい。

　広義の場合、品質要求を満たすための品質マネジメントの一部と
して定義される。つまり、自社の製品やサービスが品質要求にそっ
て提供され、かつそれを維持するための組織的活動をいう。また、
狭義の場合は、定められた品質規格のもと、部品やシステムが決め
られた要求を満たすように基準や目標を設定する。そして、その達
成・遵守状況をチェックし、もし異常があれば修正措置をとること
と定義される。

ア．品質管理

　　イ．製造品質

　　ウ．事後保全

〈用語の意味選択〉

【問題】つぎの語句を説明するものとして、もっとも適切なものを
　　　　選びなさい。

設問①　製品別計画

　　ア．人別、機械別に計画し、日程・負荷の調整をすること。

　　イ．現場リーダーが作成する実行計画のことをいう。

　　ウ．「材料・部品所要量計画」「製品日程計画」を合わせたもの。

知識試験（四肢択一）

〈文章空欄補充〉

【問題】つぎの文章の　　　　　に当てはまる適切な語句を、語群か
　　　　ら選びなさい。

設問①　作業指示された仕事を計画どおり実行するには、　　　　　が
　　　　決め手となる。これによって、ムリ・ムダ・ムラのない、
　　　　良い仕事ができる。

ア．季節変動

イ．能力対策

ウ．平準化

エ．事前検討

計算問題（四肢択一）

設問① ある工場の1週間の作業は、〈表1〉のとおりである。〈表1〉の空欄に当てはまる数字を、計算して選びなさい。

〈表1〉

製品名	納期	数量	時間／個	時間計
A	5月15日	10	2H／個	20
B	5月17日	8	3H／個	
C	5月17日	5	1H／個	5
D	5月18日	5	2H／個	10
E	5月20日	15	1H／個	15
合計	－	43	－	74

ア．8

イ．16

ウ．24

エ．32

【問題】つぎのケースを読んで、各設問に答えなさい。

　　配管部材や測定器の部品を製造するサワムラ製作所に入社した多田健司は、製造部に配属されて8カ月になる。奥田課長や先輩の中川班長のもと、仕事にも慣れてきたところだ。

　　同社で取り扱う製品は、本体、本体カバー、フィルター、リングである。先週、フィルターについて、出荷検査の担当者から不良が多発しているという指摘があった。原因は担当者が調査しているものの、ほかにも改善すべき点があれば全社員が提案するようにと工場長からの通達があり、不良低減のための改善活動に全社を挙げて取り組むことになった。

　　今朝も、組立・加工課の朝礼で、奥田課長から、「どんどん改善提案してほしい」との話があった。朝礼や会議では委縮してしまい発言できない多田だが、常々気になっていたことがあり、朝礼後、中川班長に話しかけてみた。

多田「さっきの改善のことなんですけど、完成品置き場のスペースが狭すぎて、運搬時によくぶつかってしまうんです。なんとかできないでしょうか？」

中川「たしかにね。それ、ぜひ改善案をつくって奥田課長に提出してみたら？　課長は明日から出張だと言って

いたから、早いほうがいいよ」

　多田はその場で「はい」と返事をしたものの、今週は部品不良を補うための追加生産で慌しい。多田は「今日は完成品を運搬しないし、置き場所については後で考えよう」と思い、その日の作業に取りかかろうとした。すると、設備課の望月主任が現場に現れた。奥田課長を訪ねてきたという。

望月「多田さん、ちょうどよかった。先週から問題になっていたフィルターの不良、加工機の点検をすることになったの。急だけど、明日の午前に点検が入ることになったから。後で正式な連絡を全ラインに出すけど、取り急ぎ奥田課長に伝えておいてくれる？」
多田「わかりました、伝えておきます」

　こう答えたものの、奥田課長の姿は見当たらない。今日の作業計画にも遅れつつあるため、奥田課長のデスクに「安全管理課の望月主任から、午前にフィルターの不良、加工機の点検があるとの伝言です　多田」とメモを残して仕事に取りかかった。
　今日、多田が指示された作業は、本体の組立である。作業標準どおりに、部品Aを組みつけた後、部品Bを組みつけるという工程で行っていた。作業をしているうちに、多田は「先に部品Bを組みつけてから、部品Aを組みつけたほうがやりやすいのではないか」と思いついた。会社から

改善提案を推奨されていることを思い出し、早速実行に移してみると、想定どおり作業がしやすく、計画より早く終了することができた。

　そこに、奥田課長がメモを手にあせった様子で戻ってきた。

奥田「多田君、このメモ、点検が午前って、いつだい？
　　　作業計画を変更しなくてはいけないし、明日は出張だ
　　　から、もっと早く知りたかったな」
多田「課長がいらっしゃらなかったので……あと望月主
　　　任が後で正式に案内するとおっしゃっていましたし
　　　……」

　こう多田が話していると、完成品起き場のほうから
「わっ！」という声とガシャーンという大きな音が聞こえた。

設問１　望月主任から奥田課長への伝言を受けたとき、多田がとる
　　　　べき対応としてもっとも適切なものを１つ選びなさい。

　　ア．奥田課長への重要な伝言なので、望月主任に「本人に直接
　　　　伝えてもらったほうがよい」と伝え、伝言は断る。
　　イ．急ぎの連絡なので、作業時間を過ぎていたとしても、ライ
　　　　ンを離れて奥田課長を探しにいく。
　　ウ．望月主任に、明日のいつ、何時間点検が行われるのか、具
　　　　体的な時間を確認しておく。

エ．二度手間になってしまうので、「後で」という正式な連絡
は不要だと申し出て、責任をもって奥田課長に伝言する。

設問2 改善活動が推奨されているなかで、多田はどう行動すべき
だったか。もっとも不適切なものを1つ選びなさい。

ア．完成品の起き場について、会議の場で発言し、チームとし
て改善策に取り組めるようにすべきだった。

イ．完成品の起き場についても、本体の組立の作業標準を変え
たときと同じように、どんどん実践に移すべきだった。

ウ．自分がその日担当する工程以外についても、常に品質意識
や責任意識を高くもつべきであった。

エ．設備保全に対しても作業者自身が責任をもつべきだととら
え、望月主任の伝言メモを奥田課長に残すだけではなく、
中川班長にも伝えるべきだった。

解 答・解 説

〈知識試験（二肢択一）〉

【設問 1・解答】

　　ア

〈解説〉　分業には、得意な分野を専門的に行うことで、作業熟練が進み、効率化できるというメリットがあります。しかし、各部門で連絡をとりあわず、スケジュール調整ができなかった場合には、納期遅れや追加コストが発生してしまうデメリットも含まれています。

　分業のメリットを最大に活かすためには、ものづくりに参加する各メーカー、各工程・部門が工程表、製品設計（図面、良品条件設定）、品質管理図、作業標準などを活用し、情報を共有することが重要になります。工場では分業とともに、それぞれが連帯して作業を行う協業が不可欠なのです。

【設問 2・解答】

　　ア

〈解説〉　国税の柱のひとつになっているのが法人税です。会社は利益を上げることによって、法人税を納めています。利益が上がらなければ、税金が納められず、国の財政は苦しくなります。私たちは適正な利益を上げることで、国の財政を支え、社会に貢献しているのです。

【設問3・解答】

　　イ

〈解説〉　価格は、「コスト＋利益＝価格」の公式だけで決まるものではありません。製品を求める人が多くいれば価格は上がり、少なければ価格は下がります。価格は、需要と供給のバランスによっても上下しているのです。

〈知識試験（三肢択一）〉
【文章選択　設問1・解答】

　　ア

〈解説〉　品質管理を進めるためには、品質以外の要素である納期や量的要望などをいったん排除し、品質そのものに着目することが重要になります。品質特性とは、品質以外の要素を除いた「製品の品質そのものを構成する要素」を意味します。品質特性は、真の特性と代用特性の2つに分類できます。品質管理を考えるうえでは、顧客が評価する品質（真の特性）を適切に製品の仕様書に反映し、代用特性として管理できているかを意識することが大切になります。

【語句短文選択　設問1・解答】

　　ア

〈解説〉　解答イの製造品質は、「製造の過程で決まる品質」、解答ウの事後保全は、「故障が起きてから修理を行う保全」を意味します。

【用語の意味選択　設問1・解答】

　　ウ

〈解説〉　解答アの「人別、機械別に計画し、日程・負荷の調整をすること」は職場別計画、解答イの「現場リーダーが作成する実行計画」は作業計画を意味します。

〈知識試験（四肢択一）〉
【文章空欄補充　設問1・解答】

　　エ

〈解説〉　多くの生産現場には、工程ごとに「作業手順書」や「作業標準書」が用意されています。これらの文書は、呼び名は違っても、作業手順、仕上げ精度、品質の要点、作業時間を明確にするという点では共通しており、作業標準を事前に十分に検討することで、ムリ、ムダ、ムラなく仕事を進めることができます。

〈計算問題（四肢択一）〉
【設問1・解答】

　　ウ

〈解説〉　作業指示書は、どのような作業（製品名）を、いつまでに（納期）、どのくらい（数量、時間）などの項目で組み立てられています。今回のケースでは、5月17日にB製品を8つ生産する指示が出されています。1つあたりに3時間かかるので、「8つ×3H＝24」

になります。

〈ミニケース〉
【設問1・解答】

　　ウ

〈解説〉　上司に報告を行うときには、あいまいな表現を避けなければなりません。あいまいな表現で伝えると、疑問や誤解が残り、明確な内容や意図が伝わらないからです。自分の考えや事実を明確に伝えるためには、5W1Hの要素を報告の中に含ませることが重要になります。

　5W1Hとは、Who（だれが）、When（いつ）、What（何を）、Where（どこで）、Why（なぜ）、How（どのようにして）の6つをさします。今回のケースでは、多田が伝言を受けたときに、明日のいつ（When）、何時間の点検が行われるか（How）を望月主任に確認しておけば、奥田課長に明確な報告ができたことになります。

【設問2・解答】

　　イ

〈解説〉　多田のラインで使用している作業標準には、品質標準を実現するための方法が規定されています。したがって、たとえ会社が改善提案を推奨していたとしても、標準類は守ることが原則であり、勝手に変更すべきではありません。問題があった場合には、会社や上司に改善点を提案したうえで、より良いものに変更していくことが重要です。

[編者]

一般社団法人 人材開発協会

人材育成を「能力開発の基準づくり」と「そのレベル認定」の両面から促進するという目的で設立された、一般社団法人。職能別の人材に求められる基本的な知識・能力の基準を明確に示したうえで、それらを客観的に判断し、その知識・能力を公正に、レベル別に認定し証明する。そしてこの一連のしくみを「生産マイスター検定」と位置づけ、世界の産業界に貢献すべく普及・推進している。また生産マイスターの資格取得者のさらなる育成・研鑽の場を提供し、現場の活性化と能力向上を支援する。

改訂2版 生産マイスター®ベーシック級公式テキスト

2023年3月30日　初版第1刷発行

編　者―― 一般社団法人 人材開発協会
　　　　　　　© 2023 Human Resources Development Association
監修者―― 齋藤彰一
発行者―― 張 士洛
発行所―― 日本能率協会マネジメントセンター
〒103-6009　東京都中央区日本橋2-7-1　東京日本橋タワー
TEL　03(6362)4339(編集)／03(6362)4558(販売)
FAX　03(3272)8128(編集)／03(3272)8127(販売)
https://www.jmam.co.jp/

装　丁―― 冨澤 崇(EBranch)
本文DTP― 株式会社アプレ コミュニケーションズ
印刷所―― 広研印刷株式会社
製本所―― 株式会社新寿堂

ISBN978-4-8005-9089-3 C3034
落丁・乱丁はおとりかえします。
PRINTED IN JAPAN

写真・図解でプロが教えるテクニック
正しい工具の揃え方・使い方

堀田源治　著

基本的な工具ごとに、名称、用途、種類、使い方、留意点などを簡潔な説明文と写真・イラストで解説。高等工業専門学校の技官が学生に教えるように、実践的な知識を実務を想定して執筆。

B5判120頁

マンガでやさしくわかる生産管理

田中一成　著
岡本圭一郎　作画

製造ラインで勤務していたベテランの主人公は、会社から生産管理を担当するようにと命じられます。人・材料・設備をムダなく活用する生産管理手法の基本知識と現場での実際がマンガによるストーリーで楽しく学べます。

四六判208頁

マンガでやさしくわかる品質管理

山田正美・諸橋勝栄・
吉崎茂夫　著
加藤由梨　作画

夏休みにロウソク工場でアルバイトをすることになった主人公の女子大生が、「品質」そのものの定義からQC7つ道具、シックスシグマなどの統計的分析、ISO9000などの実務ノウハウを試行錯誤しながら学んでいきます。

四六判240頁

トヨタ生産方式の原点
かんばん方式の生みの親が「現場力」を語る

大野耐一　著

「ニンベンのついた自働化」「ジャスト・イン・タイム」の二本柱を基本とするトヨタ生産方式が生み出された背景や現場での導入の苦労話など、生みの親本人が語り口調で説きます。著者本人の貴重な講演DVD付き。

A5判176頁